本书出版受到辽宁石油化工大学科研启动基金（项目编号：2017XJJ－029）
与辽宁省教育厅基本科研项目（项目编号：L2017WQN004）的资助

中国通货膨胀持续性实证研究

丁洪福　著

中国财经出版传媒集团

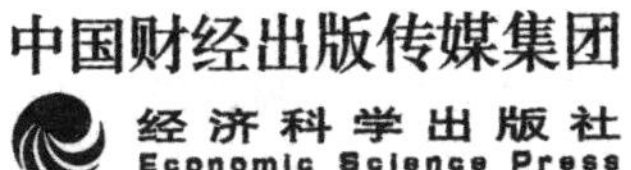

经济科学出版社
Economic Science Press

图书在版编目（CIP）数据

中国通货膨胀持续性实证研究/丁洪福著．—北京：经济科学出版社，2017.12

ISBN 978-7-5141-8888-2

Ⅰ.①中…　Ⅱ.①丁…　Ⅲ.①通货膨胀-研究-中国　Ⅳ.①F822.5

中国版本图书馆 CIP 数据核字（2017）第 322047 号

责任编辑：周国强　程辛宁
责任校对：王肖楠
责任印制：邱　天

中国通货膨胀持续性实证研究
丁洪福　著
经济科学出版社出版、发行　新华书店经销
社址：北京市海淀区阜成路甲 28 号　邮编：100142
总编部电话：010-88191217　发行部电话：010-88191522
网址：www.esp.com.cn
电子邮件：esp@esp.com.cn
天猫网店：经济科学出版社旗舰店
网址：http://jjkxcbs.tmall.com
北京财经印刷厂印装
710×1000　16 开　12.75 印张　180000 字
2017 年 12 月第 1 版　2017 年 12 月第 1 次印刷
ISBN 978-7-5141-8888-2　定价：48.00 元
（图书出现印装问题，本社负责调换。电话：010-88191510）

前言

通货膨胀持续性是通货膨胀动态的重要特征之一，反映了通货膨胀受到随机冲击之后返回其长期均衡水平的速度，其大小直接影响到中央银行反通货膨胀的成本，进而影响到货币政策目标的实现。因此，准确地测度通货膨胀持续性水平，揭示其动态变化过程，分析其影响因素，对于货币政策的制定具有重要理论价值和现实意义。

当前，国外学者对于通货膨胀持续进行了大量理论和实证的研究，包括考虑各种摩擦将通货膨胀持续性引入到通货膨胀动态模型，货币政策机制变换对通货膨胀持续性的影响以及通货膨胀持续性下最优货币政策设计，等等。然而国内学者主要专注于利用各种方法对中国通货膨胀持续性进行测度，以及检验通货膨胀持续性是否发生显著性变化。但通货膨胀持续性测度对于统计方法具有很强的敏感性，其结果存在很大的分歧。

本书利用总体通货膨胀、分类通货膨胀以及区域通货膨胀数据从多角度对中国通货膨胀持续性进行测度，同时揭示其动态变化特征，并分析其影响因素，目的在于为中国货币政策的决策提供可靠的依据。

第一，通货膨胀持续性是指“受到冲击之后，通货膨胀收敛于长期均衡水平的速度”，其大小取决于长期均衡水平的设定。在通货膨胀率单变量时间序列描述中，通货膨胀均值反映了受到冲击之后通货膨胀收敛的均衡水平，因此通货膨胀持续性的测度与通货膨胀均值假定密切相关。本书假定通货膨胀均值可变，基于参数和非参数的简化方法对中国通货膨胀持续性程度进行重新测度，同时构建一个多变量结构时间序列模型分析了中国通货膨胀持续性产生的根源。第二，不同部门价格设定机制的不同，通货膨胀持续性会存在一定差异。本书利用 ARFIMA 模型的脉冲响应函数对中国分类通货膨胀持续性程度进行了测度，同时构建一个动态因子模型对分类通货膨胀持续性差异进行了解释。第三，不仅仅通货膨胀持续性水平，通货膨胀持续性的动态变化对于货币政策设计同样重要。本书构建了一个时变参数自回归模型，基于卡尔曼滤波的方法分析了中国通货膨胀持续性的动态变化特征，同时给出其动态变化的原因。第四，理解不同类型冲击导致的通货膨胀持续性是治理通货膨胀的关键所在。本书基于中国的经验数据，利用 SVAR 模型中的脉冲响应函数和方差分解的方法，对需求冲击、供给冲击、货币冲击以及外部冲击影响中国通货膨胀持续性的程度进行了实证的分析。

通过对中国通货膨胀持续性的研究，本书得出如下的结论：(1) 中国通货膨胀持续性呈现较高的水平，并且存在明显结构突变，结构突变之后的通货膨胀持续性水平发生显著的下降。此外，时变均值下假定条件下测度的通货膨胀持续性水平显著低于恒定均值假定条件下的通货膨胀持续性水平。这些结果说明，中国货币政策的滞后效应比较明显，为了实现货币政策的目标，必须提高货币政策前瞻性。(2) 通货膨胀预期的缓慢调整是造成中国高通货膨胀持续性最重要的根源，同时产出缺口的持续偏离也是不容忽视的原因。这些结果说明，由于中央银行与公众之间信息不对称，公众无法准确把握央行通货膨胀目标变化，因而导致公众预期的缓慢调整，进而导致通货膨胀持续性。(3) 中国分类 CPI 通货膨胀率存在明显分数单整过程，并且分类通货膨胀持续性呈现明显差异，其中家庭设备用品及服务类的通货膨胀持续性最高，衣着类、居住类和医疗保健个人用品类次之，其他类持续性较小。造成这种差异的主要原因在，衣着类、居住类和家庭设备用品及服务类通货膨胀率在共同因子中因子载荷值大，而其他类别在共同因子中因子载荷值较小。以上的结果说明，中央银行在制定通货膨胀目标时，要考虑到各类通货膨胀持续性的差异，高持续性类别赋予较大的权重，低持续性类别赋予较小的权重。(4) 中国通货膨胀持续性呈现明显的动态变化特征，其具体表现为：第一，高通货膨胀时期，通货膨胀持续性水平高；低通货膨胀时期，通货膨胀持续性水平低；第二，反通货膨胀时期，通货膨胀持续性水平明显下降。鉴于不同时期通货膨胀持续性的动态变化，货币政策滞后时间的明显不同。因此中央银行实施货币政策时，必须要把握好货币政策时机和力度，做到适时适度预调微调。(5) 不同类型的冲击对中国通货膨胀持续性影响具有显著的差异，需求冲击的影响程度最大，货币冲击次之，而供给冲击和外部冲击的影响程度最小。这些结果说明，中国经济的持续高速增长以及货币超发对通货膨胀持续性造成了较大的影响。因此，中央银行应该赋予通货膨胀目标更高的权重，在保持物价稳定的基础上，促进经济的平稳增长。

鉴于当前中国通货膨胀持续性水平高的现实，结合其产生的根源以及不同冲击影响程度。中央银行在未来应对通货膨胀时必须准确把握货币政策的滞后效应，增强货币政策的前瞻性，及早对通货膨胀做出反应，降低治理通货膨胀成本。因此，本书建议中央银行制定货币政策时要慎重选择政策出台的时机、谨慎把控制政策的力度、充分考虑公众的心理预期。

目　录

第 1 章　绪　论

1.1　选题背景及研究意义

当前，学者们已经达成共识，维持物价水平的稳定是中央银行最重要的货币政策目标。虽然中国目前没有实行通货膨胀目标制，但货币政策的目标仍以稳定物价为主。为了实现物价稳定的目标，就必须深刻理解通货膨胀的动态特征。因此有关通货膨胀动态特征及其影响因素的研究备受关注。

通货膨胀持续性是反映通货膨胀动态特征的重要性标志，对于中央银行货币政策实施具有重要的价值。在实践过程中，通货膨胀动态的特征以及通货膨胀持续性的程度已经成为中央银行货币政策实施的最重要的参数（Robert，2007）。通货膨胀持续性程度越高，控制通货膨胀增加的货币成本就越高（Mishkin，2007）。当一个国家通货膨胀持续性程度不同状态下，各种外部和内部的经济冲击对通货膨胀动态产生不同的影响。因而，货币政策稳定通货膨胀的时间跨度将依赖于通货膨胀持续性的水平。很明显，通货膨胀持续性越高，降低通货膨胀花费时间越长；反之，通货膨胀持续性越低，花费时间越短。此外，通货膨胀持续性与货币政策机制的选择密切相关。低通货膨胀持续性条件下所实施最优货币政策规则，而在高通货膨胀持续性条件下就有可能造成灾难性的后果（Levin & Williams，2003）。Benati（2008）对于采取不同货币政策机制的欧美发达国家的通货膨胀持续性程度进行比较，他发现当一个国家货币当局对价格水平稳定做出可信的承诺时，通货膨胀持续性会下降。因此准确的测度通货膨胀持续性水平，对于货币政策实施具有重要的意义。

20 世纪 90 年代以来，中国的通货膨胀呈现了明显的周期性的变化，基本上是通货膨胀与通货紧缩交替变换，因而对应的货币政策也表现为从紧转向于宽松、再转向于从紧的变化特征。90 年代初期，随着改革开放逐渐地深入，以及之前宽松货币政策的累积影响，中国经济开始高速增长。尤其在 1993 年上半年，由于固定资产投资规模的过快增长以及金融秩序持续的混乱，经济出现了明显过热迹象。通货膨胀率（同比居民消费物价指数衡量）在 1994 年 10 月份达到了峰值 27.7%。为了抑制通货膨胀，中央银行实行“适度从紧”的货币政策，通货膨胀迅速回落，到 1997 年 7 月份达到 2.7%。1997 年下半年，由于亚洲金融危机的爆发，外部需求下降，经济增长乏力，物价水平持续走低，通货紧缩压力开始呈现，在 1999 年 6 月份通货膨胀率到达谷底值 -2.1%。为了抑制通货紧缩，中央银行实行“稳健”的货币政策，从 1997 年 10 月起，6 次下调金融机构存款（一年期从 7.47% 下降至 1.98%）和贷款（一年期从 10.08% 下降至 5.31%）基准利率，同时 3 次大幅下调法定存款准备金率（从 13% 下降至 6%）。这一些货币政策的调整，有效缓解了通货紧缩，2004 年 8 月份，通货膨胀率恢复到 5.3% 的水平。2007 年 3 月份开始又经历了新一轮的通货膨胀，至 2008 年 4 月份通货膨胀率达到 8.0%。这一时期中央银行实施从紧的货币政策，6 次上调金融机构存款和贷款基准利率，同时 10 次上调法定存款准备金率，最终成功抑制通货膨胀，至 2008 年 9 月份，通货膨胀率下降到 4.6%。受到美国次贷危机影响，通货膨胀开始下行，通胀紧缩的压力逐渐显现，中央银行不得不实施适度宽松的货币政策。2010 年之后通货膨胀再次抬头，至 2011 年 6

月份通货膨胀率达到6.2%。中央银行又开始转向从紧的货币政策，5次上调金融机构存款和贷款基准利率，同时12次上调法定存款准备金率，2012年6月份通货膨胀率回落到2.0%的水平。随后中国通货膨胀基本保持平稳变化，没有呈现较大的起幅波动。那么中国通货膨胀动态路径特征是由什么因素引起的呢？中国通胀动态路径的变化是否有助于货币政策目标的实现呢？

这些不可避免地都会涉及通货膨胀持续性问题，对通货膨胀理解广度和深度将直接影响到货币政策的设计。准确测度中国通货膨胀持续性水平，深刻理解通货膨胀持续性的动态变化特征及其影响因素，将为中央银行制定货币政策提供关键的信息。因此，研究中国通货膨胀持续性问题，具有非常重要理论意义和现实意义。

1.2　国内外文献综述

1.2.1　国外文献综述

1.2.1.1　通货膨胀持续性理论演进

通货膨胀持续性理论研究，是与菲利普斯曲线的演变密切相关的。国外学术界对此已经进行了深入的讨论。在早期加速菲利普斯曲线的经验研究发现，如果不在模型中加入通货膨胀的滞后值，其对数据拟合能力较差（Friedman，1968；Phelps，1968）。将通货膨胀率滞后项引入到菲利普斯曲线中，体现了内在的通货膨胀持续性的特征。但是学者们并有没清晰解释这种通货膨胀持续性，一般将其作为适应性预期或者是作为价格设定摩擦的替代变量。随后学者们将理性预期融入宏观经济模型中，但理性预期模型通常假定价格水平是完全前瞻性的，面对冲击的时候，立即做出反应（Lucas，1972；Sargent & Wallace，1975）。然而这种模型与实践过程中价格的黏性行为是相悖的。因此，一些学者试图在理性预期环境下融入微观价格黏性行为（Fischer，1977；Gray，1977；Taylor，1980；Calvo，1983）。虽然这种模型能够对价格的黏性行为进行很好的解释，但却无法解释通货膨胀黏性行为（Gali & Gentler，1999）。因此，如何将通货膨胀持续性引入到新凯恩斯菲利普斯曲线模型，成为学者们研究的焦点。Fuhrer和Moore（1995）表明相对工资结构可能是通货膨胀后顾性的一个重要的原因。Gali和Gentler（1999）假定一部分厂商按照拇指规则设定价格，从而将通货膨胀持续性引入新凯恩斯菲利普斯曲线模型中。Mankiw和Reis（2002）则强调在价格设定过程中黏性信息的重要作用。Erceg和Levin（2003），Orphanides和Williams（2003）则通过引入经济行为主体的适应性学习来解释通货膨胀持续性。Woodford（2003）假定一部分厂商对过去通货膨胀的部分指数化设定价格，从而产生通货膨胀持续性。

1.2.1.2 总体通货膨胀持续性的测度

Fuhrer和Moore（2009）将通货膨胀持续性的测度方法划分为简化测度方法和结构测度方法。通货膨胀持续性简化测度方法主要依赖通货膨胀序列的内在生成过程，该方法操作简单，常用的方法主要包括单位根检验法、自回归系数和法、半衰期法、最大自回归特征根法、均值回归频率法等。然而结构测度方法则需要考虑通货膨胀持续性潜在的来源，必须要构建结构模型进行测度。简化式的测度方法被广泛应用于测度不同国家和地区的通货膨胀持续性。Reilly（2005）、Cecchetti和Debelle（2006）利用美国的数据测度通货膨胀持续性，研究结果表明，在19世纪70年代和80年代美国的通货膨胀持续性呈现较高的水平，90年代之后持续性程度开始逐渐地下降。Altissimo、Ehrmann和Smets（2006）总结了近些年欧洲通货膨胀持续性小组（inflation persistence network）成员的主要研究成果，发现当考虑通货膨胀均值结构变化的情况下，整个欧元区国家的通货膨胀持续性水平发生显著的下降。Bratsiotis、Madsen 和 Martin（2002）对实施通货膨胀目标制的 OECD 国家的通货膨胀持续性进行了研究，发现通货膨胀目标制的引入，能够显著降低这些国家的通货膨胀持续性。Batini（2008）对于主要工业化国家通货膨胀持续性程度进行了测度，并对各国家实施不同货币政策机制的前后样本进行了比较。结果表明，欧元区成立欧洲货币联盟（EMU）之后，英国、加拿大、瑞典和新西兰引入通货膨胀目标制之后，美国和日本在大通货膨胀之后，瑞士在新的货币政策之后，通货膨胀持续性都发生了显著的变化。尤其那些实施盯住通货膨胀目标的国家，通货膨胀持续水平显著下降；而没有引入通货膨胀制的国家（如日本和美国），通货膨胀持续性仍然较高。Ofiveira 和 Petrassi（2010）利用 1995～2009 年总体通货膨胀的季度数据，基于简化式的方法对 23 个工业国家和 17 个新兴市场经济国家的通货膨胀持续性进行了测度。结果表明大多数国家在样本期内通货膨胀持续性处于一个较低的水平，即使 7 个经历恶性通货膨胀国家的通货膨胀持续性也比较稳定；相对而言工业化国家的通货膨胀持续性比新兴市场经济国家的通货膨胀持续性水平低。Moriyama（2011）利用“格点拔靴”中值无偏估计方法对 130 个国家的通货膨胀持续性程度进行了估计，发现埃及通货膨胀持续性高于其他的国家，并且平均通货膨胀率较高的国家，平均通货膨胀持续性也较高。

第二次世界大战后的经验数据表明美国和欧洲的通货膨胀持续性水平处于较高的水平，接近一个随机游走的过程。但 Levin 和 Piger（2004）研究发现，如果考虑结构突变，通货膨胀持续性水平将会下降。所以通货膨胀持续性的结构突变检验也是学者们关注的一个重要的研究方向。Batini（2006）利用欧元区各个国家的通货膨胀数据对通货膨胀持续性问题进行了研究，研究结果表明，各个国家的通货膨胀持续性发生了显著性的结构突变，并且这种变化时与他们的货币政策的机制的变化密切相关的。Kang、Kim 和 Morley（2009）利用美国1959～2006年间通货膨胀数据对通货膨胀持续性的结构突变进行了检验。他们发现在整个样本区间内美国通货膨胀持续性发生了两次显著的结构突变，突变的时点分别发生在1973年和1984年，正好与布雷顿森林体系的瓦解以及沃克的紧缩政策时期对应。

对于货币政策制定者而言，仅仅测度简化式通货膨胀持续性程度是不够的，他们必须理清通货膨胀持续性产生的根源（Fuhrer & Moore，2009）。Altissimo、Ehrmann 和 Smets（2006）将通货膨胀持续性产生的根源归为三类：内在的通货膨胀持续性、外在的通货膨胀持续性以及基于预期的通货膨胀持续性。实践过程中，想要准确区分通货膨胀持续性产生的根源是非常困难的。Dossche 和 Everaert（2005）考虑时变的通货膨胀目标，利用结构时间序列的方法对欧元区和美国不同来源的通货膨胀持续性进行测度。他们证实，中央银行通货膨胀目标的变化是引起通货膨胀波动的重要因素。此外，通货膨胀预期缓慢调整以及冲击持续性是导致通货膨胀持续性的重要因子。这些成分解释了第二次世界大战后大部分通货膨胀持续性。

1.2.1.3 基于分类价格指数持续性的测度

伴随着对通货膨胀持续性研究的深入，学者们开始从不同分解层次对通货膨胀持续性进行研究。分解水平通胀持续性的研究，能够对总体通胀持续性研究中所得结论的稳健性进行验证。另外，有助于深入研究厂商定价行为，从而为通货膨胀动态模型提供更加坚实的微观基础。Bils 和 Klenow（2004）表明实际价格变动的频率高于校准的黏性价格模型的频率，并且价格变动的频率与通货膨胀持续性之间基本不相关。另外，研究发现样本期内 CPl 分类通货膨胀持续性的均值为 -0.05，远低于总体 CPI 通货膨胀持续性。Clark（2006）利用美国 PCE 指数数据，基于“格点拔靴”中值无偏估计的方法对总体以及分解层次的通货膨胀持续性进行了测度。研究结果表明，当不考虑均值变化时，总体通货膨胀持续性明显高于分解层次的通货膨胀持续性；反之，两者的结果比较接近。这意味着，在分类层面上，短暂的特有冲击占有支配地位，而总体的层面上，持续的宏观共有冲击决定着通货膨胀动态。Boivin、Giannoni 和 Mihov（2009）发现共同的宏观冲击解释美国分类层面通货膨胀的 15%，共同的宏观冲击对通货膨胀有持续性影响，而部门特别冲击是短暂的。Altissimo、Ehrmann 和 Smets（2006）总结 IPN 的研究发现，不同类别产品的价格黏性程度存在异质性，相对而言，能源和非加工食品的价格变动较为频繁。将部门分类指数加总成为一个总体指数会出现两种效应：一是尽管在部门分类指数中特有冲击和共同冲击共同存在，但在总体指数中特有冲击会逐渐消失而仅留下共同冲击驱动指数变化，因而总体指数更为平滑。二是总体指数持续性是部门分类指数持续性的加权综合，其中赋予高持续性部门分类指数的权重要大一些，因而总体指数持续性要比部门分类指数持续性均值大一些。Altissimo、Mojon 和 Zaffaroni（2007）利用法国、德国和意大利的 404 个分类指数验证了部门加总效应的存在性，并通过主成分分析得到与 Boivin 等（2009）相类似的结论，并断言加总过程可以解决部门价格弹性和宏观经济通货膨胀持续性之间的冲突。Elmerand 和 Maag（2009），利用瑞士的分类数据也证实这种观点。

除了关注部门分类通货膨胀持续性之外，也有一些学者对于区域通货膨胀持续性进行了研究。Lünnemann 和 Matha（2004）对比分析欧盟 15 国数据发现，加总效应同时存在于部门分类价格指数和国家分类价格指数中，且后者更为显著。Angeloni 等（2005）基于 6 个欧元区国家分类数据检验了欧元诞生前后的通货膨胀持续性的变化，并没有发现 EMU 进程改变持续性的明显证据。最近也有一些学者基于国家内部区域划分来测度通货膨胀持续性。Vaona 和 Aseari（2012）

以 NUTS3① 为区域划分单位分析了意大利区域通货膨胀的持续性，结果发现，经济落后区域的通货膨胀持续性程度要高一些，而且这种高持续性与零售部门的低度竞争有关。Zsibók 和 Varga（2012）同样以 NUTS3 为单位研究匈牙利区域通货膨胀持续性的截面变动，结果发现总体通货膨胀持续性在下降，而各地区持续性存在显著差异。Gerlach 和 Tillmann（2010）对亚洲国家的通货膨胀持续性进行了研究，结果表明，引入通货膨胀制能够显著的降低通货膨胀持续性水平，而引入其他货币政策框架的国家却没有变化。Tillmann（2013）基于韩国城市和省份数据发现，通货膨胀目标制的实施导致区域层面通货膨胀持续性出现下降，其异质性在减少。

1.2.1.4 通货膨胀持续性的不确定性

通货膨胀持续性是制定货币政策的重要参数，然而经验研究中，通货膨胀持续性程度测度存在很大的不一致性。Cogely 和 Sargent（2001）对美国通货膨胀持续性研究中发现，20 世纪 80 年代之前通货膨胀持续性处于较高水平，80 年代之后开始显著的下降。与上述研究过不同，Pivetta 和 Reis（2007）则发现 1965 年之后美国通货膨胀持续性并没有发生显著性的下降。Fuhrer（2005）基于新凯恩斯菲利普斯模型框架，发现通货膨胀持续性是影响短期通货膨胀动态的重要因素。然而，Gali 和 Gertler（1999）则发现通货膨胀持续在通货膨胀动态中发挥的作用很小。正是由于通货膨胀持续性的不确定性，对货币政策的制定将会产生巨大的影响。Levin 和 Williams（2003）发现当存在高通货膨胀持续性时，前瞻性模型的最优货币政策，在后顾性模型中将有可能产生非常差的结果。与此相似，Rudebush（2002）

---

① NUTS 是欧洲对不同层次行政区域的统计系统，该系统按面积和人口递减次序包含 NUTS1，NUTS2 和 NUTS3 三个空间层次。在国家行政系统面积的基础上，NUTS 人口的大致划定标准是：NUTS1 单元人口大致在 300 万 ~ 700 万人，NUTS2 大致在 80 万 ~ 300 万人，NUTS3 在 30 万 ~ 80 万人。

发现通货膨胀持续性较低时，名义收入目标规则运行得很好；反之，通货膨胀高度持续性，名义收入目标规则运行的很差。当面对通货膨胀持续性的不确定时，货币政策应该如何制定，学者之间存在一定的分歧。一些学者认为，通货膨胀持续性不确定时，最优的货币政策应该是对冲击做出更积极的反应（Söderström，2002；Moessner，2005）。此时，高度通货膨胀持续性程度的货币政策是最优的（Walsh，2004）。然而，Robert（2007）在研究中发现，当中央银行无法确定膨胀持续性程度时，采取低估通货膨胀持续性程度的货币政策将会取得更好的效果。

1.2.1.5 通货膨胀持续性与货币政策机制变化

大量文献表明第二次世界大战后美国和欧洲的通货膨胀持续性处于较高的水平，因此一些学者认为高通货膨胀持续性是一个典型的事实（Nelson & Plosser，1982；Fuhrer & Moore，1995；Stock，2001）。另外的观点却认为通货膨胀持续性不是工业化国家的固有的结构特征，而是随着货币政策稳定性和透明度发生变化。Levin 和 Piger（2004）表明，明确通货膨胀目标的引入将会减小经济行为主体使用后顾性的信息形成通胀预期的程度，进而降低对通货膨胀持续性的压力。Benati（2008）基于一个小型的新凯恩斯菲利普斯曲线模型，并采用贝叶斯的方法，对主要工业化国家不同样本期通货膨胀持续性与货币政策机制变化的关系进行了研究。他们发现，如果中央银行引入的货币政策机制能够被公众所相信，内在通货膨胀持续性程度将会降低。Siklos（2008）构建了一个包含虚拟变量（反映通货膨胀目标制的引入）AR(1) 模型研究新兴市场国家的通货膨胀动态。结果表明，通货膨胀目标制的引入仅仅能够降低一小部分国家的通货膨胀持续性水平。Filardo 和 Genberg（2009）针对亚太地区实施通货膨胀目标制国家的通货膨胀持续性问题进行了研究，研究结果表明，通货膨胀目标制的引入能够降低韩国、新西兰和澳大利亚的通货膨胀持续性；然而泰国、新加坡和印度尼西亚的通货膨胀持续性水平却升高。Gerlach和 Tillmann（2010）检验亚洲国家在不同货币机制下通货膨胀持续性的变动，结果表明，实施通货膨胀目标制国家的通货膨胀持续性水平明显下降，然而采用其他货币政策机制的国家的通货膨胀持续性水平并没有发生明显的变化。Bratsiotis、Madsen 和 Martin（2015）针对OECD 国家的研究，同样证实通货膨胀目标制的引入能够降低通货膨胀持续性的水平。

1.2.2 国内文献综述

国内学者对于通货膨胀持续性问题也进行了一定的研究，不过研究多偏向于利用中国数据进行经验的分析，鲜有进行理论的分析。

早期的时候关于通货膨胀持续性研究比较少，其中具有代表性的文献有两篇。黄谷（1989）主要分析了通货膨胀持续性产生的原因，他认为造成通货膨胀持续性的主要原因在于经济主体面对通货膨胀时的自我保护机制（如实行工资指数化、发给价格补贴、减免税收、增加预算等）。钱放（1997）构建了一个 ARIMA(0，1，2）模型来描述通货膨胀持续性与利率的关系，研究结果表明物价变动半年左右，利率会伴随着发生相应的变动。近些年来，通货膨胀持续性问题开始逐渐受到学者们的重视，逐渐产生一大批有影响力的成果。

1.2.2.1 总体通货膨胀持续性的测度

现有文献中关于中国通货膨胀持续性问题研究，主要关注于通货膨胀持续性程度测度以及通货膨胀持续性是否发生明显变化。例如，张成思（2008a）利用 Hansen（1999）的“格点拔靴”中值无偏估计方法和未知断点结构突变方法对中国消费者价格指数通胀率、零售商品价格指数通胀率的持续性程度以及结构突变特征进行了检验，其实证结果发现中国通货膨胀持续性水平比较高，即使在低通货膨胀时期也不例外，这些结果说明中国货币政策滞后时间较长，通货膨胀对于政策变化的反应比较迟缓。张成思（2009a）对于中国通货膨胀持续结构突变的原因进行了分析，他发现 1997 年之后通货膨胀持续性的减弱主要由于货币政策的系统性改进造成的。王少平和王津港（2009）基于中国省际通货膨胀的面板数据，应用 Wachter（2004）的动态面板数据模型的内生结构突变检验，对中国通胀持续性的结构突变进行了检验，同时运用系统广义矩估计的方法对通货膨胀持续性程度进行了估计。结果表明，中国通货膨胀持续性存在显著的结构突变，通货膨胀和通货紧缩时期持续性较高，整体上呈现下降趋势。杨碧云、易行健和周义（2009）利用自回归系数和法和均值回归频率法对中国季度环比 CPI 通货膨胀率的持续性进行了测度，结果发现 20 世纪 90 年代之后通中国货膨胀持续性程度呈现了明显的下降。不过这些文献中关于通货膨胀持续性的测度方法是基于数据内在生成机制，通常称为通货膨胀持续性的简化测度方法。这种方法简单、方便，但不能说明通货膨胀持续性产生的根源。

鉴于简化测度方法本身存在的局限，很多学者利用结构化的模型测度通货膨胀持续性。通货膨胀持续性的结构测度方法往往需要借助于短期通货膨胀膨胀动态模型来实现。国内学者在这一方面也进行了相应的探讨。李振和杨晓光（2007）利用 1994 ~ 2005 年季度数据对混合新凯恩斯菲利普斯曲线进行估计，结果表明，我国 70% 左右的厂商的定价行为时后顾性的，通货膨胀呈现很强的持续性。陈彦斌（2008）构建了包含需求拉动、成本推动、通胀预期和通胀惯性四种因素的新凯恩斯菲利普斯曲线模型，估计结果表明，在通货膨胀的四个决定因素中，通货膨胀预期要高于通货膨胀惯性。杨小军（2011）利用中国 1997 ~ 2008 年的季度数据，对附加利率的新凯恩斯主义菲利普斯曲线模型进行了估计。结果表明，当期通货膨胀的变化主要受到通货膨胀持续性和通货膨胀预期的共同影响，而通货膨胀预期起主要的作用；厂商的定价行为既有前瞻性，又有后顾性，但后顾性处于主导地位。王君斌、郭新强和蔡建波（2011）构建基于消费习惯形成的工资刚性的动态新凯恩斯主义模型，在一定程度上模拟了通货膨胀持续性的特征。何启志和范从来（2011）构建了一个包含通货膨胀持续性、学习型预期和波动性特征的通胀动态模型并利用Markov机制转化模型来研究我国通货膨胀持续性问题。结果表明，我国通货膨胀持续性水平较高，通货膨胀持续性的形成机理比较复杂，学习型预期只能部分解释通货膨胀持续性。叶正茂和王仕进（2014）在新凯恩斯模型中引入劳动市场摩擦和工资刚性需求来讨论中国通货膨胀持续性问题。结果表明，劳动市场摩擦和工资刚性都是导致中国通货膨胀持续性的重要根源。

1.2.2.2 分类及区域通货膨胀持续性的测度

除了对总体通货膨胀持续性进行研究之外，也有一些学者采用分类通货膨胀数据以及区域通货膨胀的数据来测度通货膨胀持续性。张成思（2009b）利用VAR模型的脉冲响应函数分析中国分类CPI通货膨胀率的持续性特征以及货币政策对分类CPI通货膨胀率的动态传导机制，发现货币政策冲击对分类CPI通货膨胀率的效应大多不显著。苏梽芳、胡日东和王卉书（2012）利用自回归分数单整移动平均模型（ARFIMA）模型和脉冲响应函数对中国分类CPI通货膨胀持续性特征进行研究，结果表明各分类CPI通货膨胀持续性存在显著的差异，其中医疗和居住类的持续性水平，食品、烟酒和家庭设备类次之，交通通信、衣着和教育类通货膨胀持续性相对较小。孔丹凤和张成祥（2012）利用“格点拔靴”自助法、未知断点的结构检验和动态因子模型分析法对中国总体CPI及其八大类构成成分的通胀持续性问题进行了研究。结果表明总体即各构成分的通货膨胀持续均处于较高的水平，并且部分构成成分通货膨胀持续性高于总体通货膨胀持续性。另外还发现各构成成分的高持续性主要是由总供求决定的宏观经济波动公共因子决定。刘凤良、鲁旭和易信（2012）在Breuer等（2001，

2002）的 SURADF 基础上构建了 Stationary – Bootstrap – SURADF 面板单位根检验方法，并以此方法对通货膨胀子成分的持续性特征进行检验，结果显示各子成分通货膨胀持续性具有明显的差异性。医疗类、居住类、食品类子成分通货膨胀持续性较弱，而其他子成分通货膨胀持续性较强。因此中央银行的货币政策应该注重“结构性”尤其针对烟酒、衣着、家庭设备、交通通信、娱乐教育等价格的波动做出更为积极的响应。蔡晓和陈蒋涛（2014）利用 2001 年 1 月至 2011 年 12 月总体 CPI 和分类 CPI 数据对中国通货膨胀持续性进行研究。结果表明分类价格指数通货膨胀持续存在明显的行业间异质性，相对于总体 CPI 指数，其持续性更低。另外，通货膨胀持续性的这些现象可以从特有冲击和共同冲击的角度加以理解，共同冲击解释了分类价格指数的通货膨胀持续性呈现行业间异质性，特有冲击解释了分类价格指数具有比加总价格指数更低的通货膨胀持续性。彭红枫、谭小玉和李艳丽等（2014）使用面板数据 SURADF 检验方法，对中国总体、城市和农村八大类商品通货膨胀持续性进行了实证研究，结果表明，不同地区不同大类商品通货膨胀持续性的确存在差异，中央银行应根据各部门通货膨胀持续性程度不同而制定差异化的通货膨胀调控政策。张成思（2008b）对中国 36 个重要城市的通货膨胀持续性进行了测度，结果表明各城市的通货膨胀持续性水平存在显著差异。温涛和陈思（2012）基于省际面板数据混合新凯恩斯菲利普斯曲线模型研究地区通货膨胀持续性，结果表明通货膨胀持续性区域差异显著，西部地区持续性水平最高，中部地区最低。郭志和王鹏（2013）对利用 AR 模型中国城乡通货膨胀的持续性进行了分析，结果表明城市的持续性水平高于农村的通货膨胀持续性水平。

1.2.2.3　通货膨胀持续性的非对称性

关于通货膨胀持续性的非对称性也是学者关注一个重要方面。李敏、工相宁和缪柏其（2008）基于 1987 年 1 月至 2008 年 2 月中国通货膨胀数据，运用Markov区制转移模型对中国通货膨胀的动态波动路径进行了研究，研究结果表明，中国通货膨胀存在“低通胀”、“温和通胀”和“高通胀”区制，并且通货膨胀持续性在“低通胀”区制较低，而在“温和通胀”和“高通胀”区制较高。张岐山和张代强（2008）利用一个带有单位根的门限自回归模型将中国通货膨胀动态路径划分为加速通胀状态和减速通胀状态。同时他们在检验的过程发现，不论是加速通货膨胀状态还是减速通货膨胀状态通货膨胀持续性水平都比较高，相对而言加速通胀阶段的持续性水平更高。与张岐山和张代强（2008）的研究方法相似，王培辉和袁薇（2011）则将中国通货膨胀动态路径进划分为减速通货膨胀状态、适中通货膨胀状态和加速通货膨胀状态。他们发现适中通货膨胀状态的持续性水平明显高于另外两种状态。陈雄强、张晓峒和张庆昌（2013）利用分位数自回归模型研究中国通货膨胀持续性的非对称特征，基于不同分位数的单位根检验结果表明，中国的通胀持续性非对称性特征非常明显，当通货膨胀处于减速状态时，通货膨胀率服从平稳过程；而当通货膨胀处于加速状态时，通货膨胀率表现为单位根过程。

1.2.2.4 通货膨胀持续性的动态变化

国内学者关于通货膨胀持续的动态变化关注较少。大多数学者主要关注了通货膨胀持续性结构突变特征，并通过不同的子样本对通货膨胀持续性程度进行了测度，但这种测度仅仅反映了一段时期内通货膨胀持续性的水平，难以反映通货膨胀持续性的动态变化（张成思和刘志刚，2007；张成思，2008）。白雪梅和石大龙（2014）运用状态空间模型，并基于卡尔曼滤波的方法对通货膨胀持续性的时变特征进行了研究。

1.2.2.5 关于通货膨胀持续性其他方面

李杰和庞皓（2011）对中国贸易开放度与通货膨胀持续性关系进

行了实证检验，研究结果表明，中国贸易开放度和通货膨胀持续性呈现明显阶段变化特征，总体通货膨胀持续性水平持续下降，并且贸易开放度对通货膨胀持续性具有显著的负向影响。

钱宗鑫（2010）认为中国目前具有高度内在通货膨胀持续性，反通货膨胀的货币政策会受到高持续性的影响，因此过早引入通货膨胀目标制非常不合适的。孔丹凤和杨少娜（2015）构建通胀动态调整方程和 IS 曲线方程约束下的央行最优化模型，对通胀持续性、最优货币政策与通货膨胀目标制之间的内在关系进行了分析。结果表明，考虑趋势通货膨胀持续性约束下，不同货币政策机制所造成福利损失是不同。因此，他们建议可以渐进引入通货膨胀目标制，逐步降低通货膨胀持续性水平。

1.3　研究的内容、方法及结构安排

1.3.1　本书研究内容

通货膨胀持续性是理解通货膨胀动态的重要因素，其本身既是一个理论的问题，同时也是实证问题。从理论角度来讲，如何将通货膨胀持续性引入通货膨胀动态模型存在很大争议；从实证角度来讲，究竟采用什么样方法才能准确测度通货持续性程度也没有形成一致。本书的主要研究内容：第一，对于总结通货持续性的相关基础理论进行梳理。第二，结合中国的经验数据对中国通货膨胀持续性程度进行测度。第三，利用时变参数模型对中国通货膨胀持续性动态特征进行分析，并解释其变化的原因。第四，对中国通货膨胀持续性的地区差异进行分析。第五，分析了影响中国通货膨胀持续性的因素。第六，给出了本书的研究结论并提出了具体的对策建议。

1.3.2 本书研究方法

本书主要运用通货膨胀持续性规范的研究方法以及计量经济分析方法，借鉴了有关通货膨胀持续性相关研究成果，结合中国的经验数据，从理论和实证两个方面对中国通货膨胀持续性的问题进行了研究。同时考虑不同方法的局限性，为了保证结果的稳健性，利用不同的方法进行了对比分析。

1.3.3 本书结构安排

本书共包含 8 章，其具体的结构安排如下：

第 1 章，绪论。本章首先探讨了研究通货膨胀持续性对于当前国内学术研究和政策制定的重要意义。然后对于本书的文献综述、研究思路和方法以及创新之处进行了说明。目的在于对本书进行总体上的描述，为全书研究展开进行铺垫。

第 2 章，通货膨胀持续性相关理论基础。本章主要对于通货膨胀持续的相关理论进行了总结。首先对于通货膨胀持续性内涵进行了界定；其次从理论上分析了通货膨胀持续性产生根源；然后对于通货膨胀持续性测度的方法进行详细概述；最后，对于通货膨胀持续性理论模型演进进行了分析。

第 3 章，中国通货膨胀持续性研究方法。本章主要对研究中国通货膨胀持续性过程中所选择的方法进行了总结。第一，分别从恒定均值和时变均值假设条件下，阐述了本书所使用的通货膨胀持续性的简化测度方法；第二，以 Dossche 和 Everaert（2005）的研究方法为基础，构建了中国通货膨胀持续性结构时间序列模型；第三，阐述了分析中国通货膨胀持续性动态特征的时变参数自回归模型；第四，介绍用于研究中国分类通货膨胀持续性的 ARFIMA 模型的理论基础；第五，介绍了研究中国区域通货膨胀持续性所采的方法；第六，阐述本书所选择结构突变检验方法。

第 4 章，中国通货膨胀持续性测度分析。本章主要利用中国通货膨胀的经验数据对通货膨胀持续性的程度进行了测度。首先，利用几种常用的简化方法对中国通货膨胀持续性程度进行了测度；其次，利用结构时间序列模型对于通货膨胀持续性产生根源进行了分析；最后，从分解角度，对分类通货膨胀持续性的差异进行了分析。

第 5 章，中国通货膨胀持续性动态特征分析。本章主要对中国通货膨胀持续性的动态特征进行了分析。首先，根据中国通货膨胀序列对其所呈现周期变化进行了分析，并对其变化的原因进行了解释；其次，利用时变参数的自回归模型，并基于卡尔曼滤波的方法对中国通货膨胀持续性的动态特征进行了分析。

第 6 章，中国通货膨胀持续性区域差异分析。不同地理区域的经济发展水平、金融状况以及价格设定机制的不同，进而导致通货膨胀持续性存在一定差异。本章利用中国大陆地区 31 个省、自治区以及直辖市的数据，对于不同区域通货膨胀持续性差异进行分析，并利用一个因子模型对于差异来源进行了解释。

第 7 章，中国通货膨胀持续性影响因素分析。本章主要分析需求冲击、供给冲击、货币冲击以及外部冲击对中国通货膨胀持续性的影响。首先，对需求冲击、供给冲击、货币冲击以及外部冲击对通货膨胀动态影响路径进行分析；其次，结合中国经验数据，基于 SVAR 模型中脉冲响应函数和方差分解的方法，对四种冲击影响中国通货膨胀持续性程度进行实证的检验。

第 8 章，结论及其政策建议。本章对于整篇论文的主要结论进行总结，并基于当前中国通货膨胀持续性水平高的现实给出相应的对策建议。造成当前通货膨胀持续性水平高，货币政策滞后效应明显的主要原因在于：一方面，通货膨胀预期调整缓慢，呈现明显持续性；另一方面，需求冲击和货币冲击。因此，本书建议中国人民银行应该慎重选择政策出台的时机、谨慎把控制政策的力度、充分考虑公众的心理预期。

1.4 本书创新之处与不足

自从 Furher 和 Moore（1995）开创性的贡献之后，通货膨胀持续性已经成为分析通货膨胀动态的重要课题之一。国内学者研究的主要焦点在于利用简化式的方法测度通货膨胀持续性的水平以及对通货膨胀持续性是否发生显著的变化进行检验。然而通货膨胀持续性程度对于统计分析方法是比较敏感的，不同的方法可能会得出不同的结果。此外，关于中国通货膨胀持续性产生的根源以及影响因素，在这一方面国内学者也鲜有涉及，本书的主要创新点如下：

（1）现有文献通常假定通货膨胀长期均衡水平是恒定的，这在一定程度上会导致通货膨胀持续性水平的过高估计。本书以通货膨胀长期均衡水平可变为假定条件，采用参数和非参数估计方法，对中国总体的通货膨胀持续性程度进行了重新地估计。结果表明，时变均值下假定条件下的通货膨胀持续性明显低于恒定均值假定条件下的通货膨胀持续性。

（2）简化的测度方法虽然能够测度通货膨胀持续性水平，却无法解释通货膨胀持续性产生的根源。本书提出了一个多变量结构时间序列模型，很好地解释了中国通货膨胀持续性产生的根源。结果表明，通货膨胀预期的缓慢调整是导致中国通货膨胀持续性的主要根源，产出缺口的持续偏离也对通货膨胀持续性造成显著的影响。

（3）理解不同类型冲击导致的通货膨胀持续性是治理通货膨胀的关键所在。本书基于中国的经验数据，利用 SVAR 模型中的脉冲响应函数和方差分解的方法，对需求冲击、供给冲击、货币冲击以及外部冲击影响中国通货膨胀持续性的程度进行了实证的分析。研究结果表明，不同冲击对通货膨胀造成的持续性影响存在显著的差异，需求冲击影响最大，货币冲击次之，而供给冲击和外部冲击对中国通货膨胀持续性影响比较小。

本书的不足之处：利用各种方法对中国通货膨胀持续性的程度进行了测度，并深入挖掘了中国通货膨胀持续性产生的根源以及影响因素。但是面对中国高通货膨胀持续性的现实情况，中央银行应该如何最优制定货币政策，采用何种货币政策工具，货币政策调整的时机和力度的把握，这些都将是我们下一步需要研究的重要主题。

第2章　通货膨胀持续性相关理论基础

通货膨胀持续性作为通货膨胀动态的重要特征之一，对于货币政策制定以及经济主体的行为具有重要的影响。本章将对通货膨胀持续性相关理论进行概述，具体涉及内容有通货膨胀持续性的内涵、通货膨胀持续性产生的根源、通货膨胀持续性测度的方法以及包含通货膨胀持续性的通货膨胀动态模型的演进过程。

2.1　通货膨胀持续性的内涵

持续性（persistence）是从物理学中惯性（inertia）概念引申而来的。所谓惯性是指物体在不受到外力的条件下保持静止状态或匀速直线运动状态，是物体本身的一种固有属性，反映了物体对其运动状态变化的一种阻抗程度。如果在其他条件保持不变的情况下，经济变量表现出维持其最近的没有其他力量使之变动的趋势，则称经济变量是持续的（Furher，2009）。

Fuhrer（1995）首先从理论上对通货膨胀持续性（inflation persistence）进行了定义，他认为通货膨胀持续性是指“通货膨胀受到冲击之后，偏离其均衡水平一段时期的趋势”。此外，也有学者认为通货膨胀持续性是指“通货膨胀受到冲击之后，缓慢返还其均衡水平或者长期水平的趋势”（Dias & Marques，2005）。两种定义本质上是一致的，都反映了通货膨胀受到冲击发生偏离之后，缓慢收敛于其均衡水平的趋势。

在通货膨胀持续的定义阐述中，一个关键的问题是如何理解通货膨胀的均衡水平。Marques（2004）指出，在通货膨胀率单变量时间序列描述中，通货膨胀均值反映了受到冲击之后通货膨胀收敛的水平，因此通货膨胀均值扮演了长期均衡水平的作用。此外，如果我们假定中央银行的货币政策在长期可以完全调控通货膨胀，那么长期通货膨胀水平与中央银行的目标通货膨胀一致，这就出现了以欧洲通货膨胀持续性研究小组（inflation persistence network）为代表的通货膨胀持续性的定义：“当通货膨胀受到冲击影响偏离中央银行的目标之后，其向目标值收敛的趋势”（Altissimo，Ehrmann & Smets，2006）。因此，在本书后边的表述中，通货膨胀长期均衡水平、中央银行目标通货膨胀以及通货膨胀均值将会交替使用。

以上定义更多描述通货膨胀持续性所展现的特征，但无法对不同通货膨胀序列持续性程度大小进行比较。因此，一些学者从通货膨胀持续性测度角度，对通货膨胀持续性进行了定义。他们认为通货膨胀持续性是指“受到冲击之后，通货膨胀收敛于长期均衡水平的速度”（Willis，2003；Marques，2004；Pivetta & Reis，2007）。该种定义优点在于强调两种理念：速度的理念和均衡的理念。如果通货膨胀收敛于均衡水平的速度慢，通货膨胀持续性程度高；反之，通货膨胀收敛于均衡水平的速度快，则通货膨胀持续性程度低。

另外，使用上述定义测度通货膨胀持续性程度时，对于均衡通货膨胀水平的认知是非常重要的。一方面，冲击是否会影响到均衡通货膨胀水平，即均衡通货膨胀是外生的还是内生的。通常，单变量通货膨胀持续性测度方法，假定冲击不会影响均衡通货水平，因此长期均衡通货膨胀水平或者中央银行目标通货膨胀是外生的。另一方面，通货膨胀持续的测度是以均衡通货膨胀水平的假定为必要的条件，即通货膨胀持续性与均衡通货膨胀水平之间存在一种权衡关系。例如，在假定长期均衡水平不变情况下，通货膨胀呈现较高的持续性；然而，在假定长期均衡水平变化情况下，通货膨胀持续性可能处于较低的水平，因此，通货膨胀持续性的准确测度取决于长期均衡水平假定是否符合实践。

鉴于本书主要的研究目的在于对中国通货膨胀持续性进行实证分析，因此，我们将通货膨胀持续性定义为“受到冲击之后，通货膨胀收敛于均衡水平的速度”。

2.2 通货膨胀持续性产生的根源

在宏观经济中，各种外部冲击都会引起通货膨胀在短期内偏离其长期均衡路径。因此，为了理解通货膨胀持续性产生根源，必须分析通货膨胀动态，设计包含通货膨胀持续性的短期通货膨胀动态模型成为分析的前提。

现有文献中，新凯恩斯菲利普斯曲线（NKPC）逐渐受到学者们的重视，开始成为分析通货膨胀动态的主要工具。Taylor（1980）和Calvo（1983）首次在理性预期模型的基础上通过交错价格调整机制将价格黏性引入到模型中来，构建了用以描述通货膨胀短期动态的新凯恩斯菲利普斯曲线：

$$\pi_t = \alpha_\pi E_t \pi_{t+1} + \alpha_y y_t + \nu_t \tag{2.1}$$

其中，π_t 代表第 t 期通货膨胀率，E_t 表示第 t 期信息集下的期望算子，α_π 表示贴现率，y_t 表示 t 期产出缺口或边际成本，α_y 表示一个与价格调整频率和贴现率有关的函数，ν_t 表示独立同分布的随机冲击。假定 t 期时所有未来冲击 ν_{t+i} 等于 0，对方程（2.1）进行迭代运算可以得到：

$$\pi_t = \alpha_y \sum_{i=0}^{\infty} \alpha_y^i E_t y_{t+i} + \nu_t \tag{2.2}$$

方程（2.2）中，第 t 期通货膨胀可以表示为未来各期预期产出缺口或边际成本的函数，这说明经济行为主体倾向于将价格设定为一个超出契约存续期的预期边际成本的贴现平均值。在这种情况下，通货膨胀实际上继承了产出或成本的持续性但没有超越它们，因而是完全前瞻性的。也就是说，在产出冲击发生之后，通货膨胀可以即刻做出反应。如果产出不存在持续性，那么通货膨胀就不具有持续性。然而，在经验研究中，前瞻性的新凯恩斯菲利普斯曲线拟合数据效果较差，难以反应通货膨胀的持续性特征（Fuhrer & Moore，1995；Gali & Gentler，1999）。为了将通货膨胀持续性引入到通货膨胀动态模型中去，众多学者做出了不同的摩擦假设。Gali 和 Gentler（1999）假定一定比例企业按照拇指规则（rule of thumb）设定价格，从而将通货膨胀持续性引入到模型中来；Christiano、Eichenbaum 和 Evans（2005）通过考虑部分价格指数化（partial indexation）来引入通货膨胀持续性；（Milani，2007）利用学习（learning）替代理性预期假设，从而形成通货膨胀持续性；（Blanchard & Galí，2007）假定实际工资刚性，引入通货膨胀持续性。虽然各种摩擦的假设能够很好模拟真实数据的持续性，但是不同假设影响通货膨胀持续性的方式是不同的。但是上述方法只关注通货膨胀来源的某一个方面，不同摩擦对通货膨胀持久性的影响是不一样，有些影响是直接的，而有些影响是通过其他变量间接影响的。

很多因素将影响到通货缓慢收敛于其均衡水平，Angelani、Ancremanne 和 Ciccarelli（2006）将通货膨胀持续性产生的根源归纳为三个方面：第一，继承自产出缺口或边际成本等通货膨胀决定因素中的持续性，称为外在持续性（extrinsic persistence）；第二，由价格指数化或后顾性经济主体导致的通货膨胀对其自身过去值的依赖性，称为内在持续性（intrinsic persistence）；第三，由信息不对称、黏性信息或不完全可信性导致的经济主体通货膨胀预期而引发的持久性，称为基于预期的持续性（expectations-based persistence）。混合型新凯恩斯菲利普斯曲线（hybrid new Keynesian Phillips curve，HNKPC）反映了当前通货膨胀受到之后通货膨胀、预期通货膨胀以及产出缺口和成本推动冲击的影响，通货膨胀持续性产生的根源正好对应于该方程右侧的三个分项。混合型新凯恩斯菲利普斯曲线可以表示为：

$$\pi_t = \gamma\pi_{t-1} + (1-\gamma)E_t\pi_{t+1} + \kappa y_t + \nu_t \tag{2.3}$$

其中，γ 和 $1-\gamma$ 分别表示后顾性和前瞻性价格制定行为所占的比重，ν_t 表示随机冲击。一般地，κ 值越小，价格黏性越大，则通货膨胀持续性越小；后顾性价格制定行为所占的比重 γ 越大，则通货膨胀持续性越大。

值得强调的是，不论是理论上还是实践中想要准确区分通货膨胀持续性产生的不同根源往往是非常困难。因为不同的根源之间相互影响，并且它们相对重要的程度受到高度依赖于货币政策机制和货币政策反应函数。

为了说明这些问题，Angelani、Ancremanne 和 Ciccarelli（2006）构建了一个简单的三方程模型来描述经济结构：第一个方程为方程（2.3）表述的菲利普斯曲线；第二方程为 IS 曲线方程，表明当前产出缺口反应于滞后值、预期值、实际利率和需求冲击；第三个方程捕捉了货币政策行为，中央银行可以依据简单规则或者最优规则行事①。尽管上述的简化的模型是不够完善的，但是却能够很好说明通货膨胀持续性、行为主体的预期以及货币政策设计之间的关系。接下来，我们将对通货膨胀持续性产生的不同根源进行分别的讨论。

---

① Angelani、Ancremanne 和 Ciccarelli（2006）的简化模型主要包含三个方程，可以表示为：菲利普斯曲线，$\pi_t = \gamma\pi_{t-1} + (1-\gamma)E_t\pi_{t+1} + \kappa y_t + \nu_t$；IS 曲线，$y_t = \delta y_{t-1} + (1-\delta)E_t y_{t+1} + \sigma(r_t - E_t\pi_{t+1}) + \varepsilon_t$；泰勒规则，$r_t = \lambda r_{t-1} + (1-\lambda)(\alpha_y E_t y_{t+1} + \alpha_\pi E_t\pi_{t+1})$。

2.2.1 外在的驱动因素

通常，厂商在销售产品时，并不是每天重新设定产品的价格。这是由于多种原因造成的。例如，对于厂商而言，每天重新计算产品系列的价格成本是太高昂的。这意味着，厂商设定价格可能与当前经济环境脱节。既然厂商意识到价格将固定一段时期，他们制定价格会考虑影响定价行为的经济变量的预期变化（如原材料价格变动）。此外，厂商在设定价格时，依据过去的定价行为进行定价也会影响当前的价格（如工资合同）。由此可见，过去和未来经济环境的预期都将影响厂商的定价行为。既然并不是所有厂商随着经济环境的变化即时调整价格，尤其经济表现出明显的持续性变化，那么这种类型的价格设定行为将导致通货膨胀持续性。在这种情况下，通货膨胀继承它的决定因素（边际成本或者产出缺口）的持续性。这种持续性就是所谓的外在的驱动因素。价格黏性越大，通货膨胀对其决定因素反应系数越小，即新凯恩斯菲利普斯曲线中参数 κ 取值越小，通货膨胀持续性越小。

2.2.2 内在的驱动因素

即使存在名义的刚性，但也不能清晰说明通货膨胀依赖于其过去值。如果厂商较少的调整价格，通货膨胀对于当前和未来边际成本变化的敏感性将会降低，但也不能解释为什么通货膨胀依赖于其过去历史。当假定价格设定者遵循指数化或者是拇指规则行为时，这种依赖能够在理论模型中产生。采取后顾性行为设定价格的厂商比例增加，通货膨胀持续性增加；后顾性指数化行为的重要性增加，也会导致通货膨胀持续性的增加。由此而产生的持续性称为内在的通胀持续性，可以通货新凯恩斯菲利普斯曲线（方程（2.3））中的参数 γ 表示。γ

的取值越大，当期通货膨胀对过去通货膨胀的依赖程度越高，内在通货膨胀持续性程度越高；γ的取值越小，当期通货膨胀对过去通货膨胀的依赖程度越低，内在通货膨胀持续性程度就越小。

2.2.3 预期因素

大多数的通货膨胀动态模型中，通货膨胀预期都是决定通货膨胀的重要影响因素。在理性预期的假设下，通货膨胀不会产生持续性。然而，现实中厂商通常是非理性预期的，难以对未来做出完美的预见。这主要是由于厂商无法获取与通货膨胀有关的全部信息，或者不愿意花费过高的成本收集信息，从而导致厂商对通货膨胀的预期出现偏差，导致通货膨胀呈现出较强的持续性特征。实际上，厂商对于信息的收集是一个不断修正和学习的过程，学习的时间越长，通货膨胀持续性水平越高；反之，则持续性水平越低。

虽然上述的三个因素在决定通货膨胀持续性方面扮演非常重要的作用，但货币政策反应函数的作用同样不能忽视。Angelani、Ancremanne 和 Ciccarelli（2006）表明中央银行利率平滑行为也将会影响到通货膨胀持续性的水平。利率越平滑，即调整速度越慢，通货膨胀返回其均衡水平的时间越长；反之，利率调整速度越快，通货膨胀预期降低越快，这将导致通货膨胀快速返回其均衡水平。

2.3 通货膨胀持续性测度方法

通货膨胀持续性测度方法分为简化测度方法（reduced-form inflation persistence）与结构测度方法（structural inflation persistence）（Fuhrer & Moore，2009）。通货膨胀持续性的简化测度方法依据通货膨胀序列的经验特征，不具有实际的经济意义。而通货膨胀持续性的结构测度方法通常是通过通货膨胀动态模型进行测度，通货膨胀的决定因素具有特定经济含义，可以对通货膨胀产生的根源进行分析。

2.3.1 通货膨胀持续性的简化测度方法

关于通货膨胀持续性的简化测度方法并没有一个明确、单一的测量方法（Fuhrer & Moore，2009）。学者们通常依据单变量自回归模型，依据数据生成过程，估计自回归模型来实现的。常用的单变量方法主要有自相关函数法、自回归模型的系数和、脉冲响应函数、最大自回归特征根和半衰期。这些方法都是基于自回归模型来进行估计。

2.3.1.1 自相关函数法

一般来说，通货膨胀持续性是指受到冲击后，通货膨胀收敛于均衡水平的速度。一些学者发现持续性与反映过去冲击对当前通货膨胀影响的自相关函数密切相关。令当前期通货膨胀率 π_t，与过去相隔 i 期通货膨胀率 π_{t-i}间的自相关系数可以表达为：

$$\rho_i = \frac{E(\pi_t,\ \pi_{t-i})}{V(\pi_t)} \tag{2.4}$$

其中，$V(\pi_t)$ 代表第 t 期通货膨胀的方差，自相关系数 ρ_i 取值范围 $-1 \sim 1$ 之间。当期通货膨胀率 π_t 与过去 k 期值的自相关函数为：

$$f = (\rho_1,\ \rho_2,\ \cdots,\ \rho_k) \tag{2.5}$$

方程（2.5）中，当期通货膨胀与其过去值的自相关系数是逐渐衰减的，那么远期通货膨胀冲击对当前通货膨胀影响越大，通货膨胀持续性越强。

为了更加一般性地说明问题，假定通货膨胀序列服从 AR(1) 过程：

$$\pi_t = \alpha\pi_{t-1} + \varepsilon_t \tag{2.6}$$

其中，$-1 < \alpha < 1$，它的自相关函数可以表示为：

$$f=(\alpha, \alpha^2, \cdots, \alpha^k) \tag{2.7}$$

方程（2.7）表明通货膨胀序列 π_t 的自相关系数受到自回归系数 α 的影响，呈现几何级数衰减。一些学者定义通货膨胀持续性为过去冲击对当期通货膨胀影响的程度。这一定义与自相关函数密切相关，通货膨胀与其过去值的相关性越强，过去冲击对当前通货膨胀的影响越大，通货膨胀持续性越大。更确切地说，通过对方程（2.6）向后进行迭代运算，可以得到通货膨胀序列移动平均表达式：

$$\begin{aligned}\pi_t &= \varepsilon_t + \alpha(\pi_{t-2} + \varepsilon_{t-1}) \\ &= \varepsilon_t + \alpha\varepsilon_{t-1} + \alpha^2\varepsilon_{t-2} + \alpha^3\varepsilon_{t-3} + \cdots \end{aligned} \tag{2.8}$$

方程（2.8）表明，α 取值越大，通货膨胀自相关函数衰减的越缓慢，过去的冲击对当前通货膨胀影响越大，表明冲击导致通货膨胀持续的时间越长。

2.3.1.2 自回归模型的系数和法

自回归模型的系数和测度通货膨胀持续性在文献中被广泛使用。我们首先假定通货膨胀序列服从稳定的 p 阶自回归过程，可以表示为：

$$\pi_t = \theta_0 + \sum_{i=1}^{p} \theta_i \pi_{t-i} + \nu_t \tag{2.9}$$

其中，π_t 表示第 t 期的通货膨胀水平，θ_0 表示截距项，$\rho = \sum_{i=1}^{p} \theta_i$ 表示自回归系数和，ν_t 表示序列无关的误差项。

为了便于下边的讨论，可以把方程（2.9）重新表示为：

$$\Delta\pi_t = \theta_0 + \sum_{i=1}^{p-1} \delta_i \Delta\pi_{t-i} + (\rho - 1)\pi_{t-1} + \nu_t \tag{2.10}$$

其中，$\delta_i = -\sum_{j=i+1}^{p} \theta_j$。

在方程（2.9）中，如果受到外部的冲击，通货膨胀缓慢收敛于其均值（在这种模型中可以看作长期均衡通货膨胀水平），则通货膨胀呈现明显的持续性。因而，在这种模型参数的表述中，通货膨胀持续性与通货膨胀序列 p 阶自回归过程的脉冲响应函数（IRF）密切相关。但是脉冲响应函数是一个无限期的向量，并不是通货膨胀持续性很好的测度指标。

为了克服上述的困难，Andrews 和 Chen（1994）认为累积脉冲响应函数（CIRF）包含了脉冲响应函数的大部分信息，可以作为通货膨胀持续性的标量测度指标。在一个简单 p 阶自回归过程中，累积脉冲响应函数和自回归系数和之间的关系可以表示 $CIRF=1/(1-\rho)$，ρ 对应于方程（2.9）中自回归系数和。根据上边的表述，我们可以采用自回归系数和来测度通货膨胀持续性。

然而，在某些情况下，使用通货膨胀 AR(p) 过程自回归系数和（ρ）测度通货膨胀持续性可能会产生错误（Andrews & Chen，1994）。他认为当脉冲响应函数呈现不同形状时，累积脉冲响应函数（或者自回归系数和）难以足够地捕捉通货膨胀持续性程度。例如，当两个序列的累积脉冲响应函数相同时，但一个序列的脉冲响应函数的值一直的正的，而另外一个序列是正负交替的，这种情况下不能有效的区分两个序列的持续性程度。上述的限制表明，通货膨胀持续性标量测度方法仅仅反映了通货膨胀收敛于其长期均衡水平的平均速度。整个收敛期间范围内，收敛速度越均匀，标量测度指标的可信度越高。

2.3.1.3 零频率谱法

零频率谱（spectrum at zero frequency）是测度序列低频自协方差的常用方法。对于 AR(p) 自回归过程（方程（2.9））的零频率谱可以表示为：

$$h(0)=\frac{\sigma_\nu^2}{(1-\rho)^2} \tag{2.11}$$

其中，σ_ν^2 代表随机误差项的方差。当 σ_ν^2 固定不变时，零频率谱与累积脉冲响应函数（CIRF）或者自回归系数和（ρ）之间存在对应关系，因此可以其看作通货膨胀持续性等价测度指标。但是，当通货膨胀持续性呈现时变特征时，两种测度指标存在很大的差异（Dias & Marques，2005）。在这种情况下，ρ 和 σ_v^2 将同时变化，零频率谱测度方法存在很大的问题。另外，自回归系数和（ρ）相对于零频率谱的优势在于比较直观，并且具有稳定的区间范围（通常处于 $-1 \sim 1$ 之间）。

2.3.1.4 最大自回归特征根法

在文献中最大自回归特征根（largest autoregressive root，LAR）也被用来测度通货膨胀持续性（Stock，2001）。如果 L 表示滞后算子 $L^j\pi_t = \pi_{t-j}$，通货膨胀满足 p 阶自回归过程（方程（2.9）所示），则对应的滞后多项式可以表示为：

$$1 - \theta_1 L - \cdots - \theta_p L^p = (1 - \rho L)(1 - b_1 L)\cdots(1 - b_{p-1}L) \quad (2.12)$$

其中，ρ，b_1，…，b_{p-1} 为多项式的自回归特征根，ρ 为是所有特征根中最大的自回归特征根。冲击发生一段时间之后，最大特征根对脉冲响应影响最大，因此可以通过最大特征根的大小来决定冲击持续的时间长短。当 $\rho = 1$ 时，在受到冲击后，冲击产生的影响为无穷大，将永久的持续下去，通货膨胀水平将不会收敛于均衡值；当 $\rho = 0$ 时，冲击所产生的影响即刻衰减，通货膨胀序列将不存在序列相关关系。当 $0 < \rho < 1$ 时，ρ 的取值越大，则通货膨胀收敛于均衡水平的时间越长，通货膨胀持续的时间越长。但是该种方法最大的缺陷在于忽略了其他特征根的影响（Phillips，1991；Andrews，1993）。例如，当 AR(2) 过程的根为 0.9 和 0.8 时，要比另一个 AR(2) 过程中产生的 0.9 和 0.1 的根要具有持续性。因此为了得到通货膨胀持续性准确的估计值，必须要考虑尽可能多的根。

2.3.1.5 半衰期法

半衰期（half-life，HL）也是用来测度通货膨胀持续性的常用指标。半衰期是指通货膨胀的冲击保持在 0.5 以上单位冲击的时期。假定通货膨胀服从 AR(1) 过程，即 $\pi_t = \rho\pi_{t-1} + \varepsilon_t$，半衰期可以通过下边公式进行计算：

$$HL = \frac{\ln(1/2)}{\ln(\rho)} \tag{2.13}$$

对于高阶自回归过程，计算比较复杂，可以采用该公式进行近似。但是对半衰期检验的质疑也不少。Pivetta 和 Reis（2004）认为半衰期存在几个方面的缺陷：一是如果脉冲响应函数随时间的变化而呈现上下波动的特征，那么半衰期估计方法将会低估通货膨胀持续性。二是冲击开始和结束表现不同时，半衰期方法不能区分不同脉冲响应函数的速度。三是对于高持续性过程，半衰期将一直是非常大的，因而不能表明通货膨胀持续性的实时变化。尽管半衰期方法存在着上述的缺陷，但是相对于其他的简化测度方法，它能够测度通货膨胀持续的时间长度，更容易被理解，因此后边文章中我们将应用该种方法。

2.3.1.6 均值回归频率法

Marques（2004）发现通货膨胀持续性与均值回归（mean reversion）之间存在紧密的关系，建议估计通货膨胀持续性时，应该考虑通货膨胀序列的均值回归特性。如果通货膨胀序列表现出较低的均值回归特性，即回归穿越均值的频率较低，则通货膨胀持续性较高；反之，则通货膨胀持续性较低。

为了更好理解通货膨胀持续性与均值回归之间的关系，可以将方程（2.10）重新表述为：

$$\Delta\pi_t = \sum_{i=1}^{p-1} \delta_i \Delta\pi_{t-i} + (\rho - 1)(\pi_{t-1} - \mu) + \nu_t \tag{2.14}$$

其中，$\mu = \theta_0/(1-\rho)$ 表示通货膨胀序列的非条件均值。同样地，通货膨胀序列的 p 阶自回归过程（方程（2.9））也可以表述为均值回归模型的形式：

$$(\pi_t - \mu) = \sum_{j=1}^{p} \theta_j(\pi_{t-j} - \mu) + \nu_t \tag{2.15}$$

或者是

$$(\pi_t - \mu) = \sum_{i=1}^{p-1} \delta_i \Delta(\pi_{t-i} - \mu) + \rho(\pi_{t-1} - \mu) + \nu_t \tag{2.16}$$

让我们首先假定通货膨胀率 π_t 是一个稳定的时间序列，即 $0 < \rho < 1$。方程（2.14）中的均值回归现象反映在 $(\rho - 1)(\pi_{t-1} - \mu)$ 这一项中。如果 t－1 期的通货膨胀率 π_{t-1} 在均值之上（或之下），那么离差项 $(\pi_{t-1} - \mu)$ 将通过系数 $(\rho - 1)$ 成为后期通货膨胀负向（或正向）变动的“驱动力”，进而导致其向均值靠拢。显然，均值回归倾向越强烈，$|\rho - 1|$ 越大，以 ρ 衡量的通胀持续性越小。也就是说，通货膨胀序列穿越均值的频率越低，持续性越大。为此，Marques（2004）提出用不穿越均值频率来衡量通货膨胀持续性，可以表示为：

$$\gamma = 1 - \frac{n}{T} \tag{2.17}$$

其中，γ 表示通货膨胀持续性测度指标，n 表示样本区间内穿越均值的次数，T＋1 代表样本观测值的个数。

通货膨胀持续性测度指标 γ 优势在于无须设计和估计通货膨胀过程，并且该统计量是稳健的，不存在模型误设。γ 的取值范围介于 0～1 之间。同时，Marques（2004）证明，当 $\gamma = 0.5$ 时，通货膨胀不存在任何显著持续性；当 $\gamma > 0.5$ 时，意味着存在显著持续性；当 $\gamma < 0.5$ 时，则意味着 ρ 为负值，即存在长期负自相关关系。

2.3.2 通货膨胀持续性的结构测度方法

然而通过简化方法测度通货膨胀持续性程度仅仅是仅仅是第一步的工作，它所能够传递的信息对于货币政策制定是非常有限，因为其无法识别通货膨胀持续性产生的根源。相对而言，通货膨胀持续性结构测度更多关注通货膨胀持续性产生的根源，能够有效地区分不同的冲击对通货膨胀所造成的影响。通常通货膨胀持续性的结构测度方法建立在结构模型基础上，利用广义矩方法、贝叶斯方法、状态空间模型等方法来估计模型的参数系，用以解释不同通货膨胀持续性产生的根源。

2.3.2.1 多变量自回归测度方法

Zhang 和 Clovis（2010）基于 Stock 和 Watson（2003）的研究方法构建了一个包含实际 GDP 增长率、通货膨胀率和 M2 增长率的简化三变量的 VAR 模型，来测度结构化的冲击对于通货膨胀的响应。三变量 VAR(p) 模型可以表示为：

$$y_t = A_1 y_{t-1} + A_2 y_{t-2} + \cdots + A_p y_{t-p} + \varepsilon_t \quad (2.18)$$

其中，y_t 表示包含实际 GDP 增长率、通货膨胀率和 M2 增长率向量；ε_t 代表结构冲击，分别包含供给冲击、需求冲击和货币政策冲击。

利用汉密尔顿 p 阶自回归模型向 1 阶自回归模型的转化技巧，可以得到通货膨胀遭受随机冲击后的脉冲响应函数，以此来反映不同冲击对通货膨胀所造成的持续性的影响。Zhang 和 Clovis（2010）还发现 1997 年中国通货膨胀持续性出现了显著性的结构突变。因此他们以 1997 年为割点，构造 1997 年前和 1997 年后两个子样本，分别计算通货膨胀受到冲击之后的脉冲响应函数，结果表明，1997 年后各种冲击的脉冲响应函数衰减变得更快，相对而言通货膨胀率对供给冲击和货币政策冲击的响应更为明显。总体来讲，通货膨胀率受到供给冲击或货币政策冲击偏离其均衡水平之后，回收敛于长期均衡水平时间存在明显的差异。通货膨胀受到供给冲击在 1997 年前收敛的时间为 2 年，1997 年后为 1 年；而通货膨胀受到货币政策冲击在 1997 年前收敛的时间为 4 年，1997 年后为 3 年。综上所述，1997 年后，中国的通货膨胀持续性水平呈现了明显的下降，这表明中国货币政策滞后效应下降，货币政策的有效性提高了。

2.3.2.2 混合新凯恩斯菲利普斯曲线测度方法

菲利普斯曲线反映通货膨胀短期动态的决定因素，已经成为分析内在通货膨胀持续性的重要工具。通常通货膨胀持续性的结构式测度，往往借助于菲利普斯曲线模型来实现。早期的新凯恩斯菲利普斯曲线来基于价格随机调整的离散时间卡尔沃（Calvo，1983）交错价格模型，当期通货膨胀依赖于当期的边际成本和预期通货膨胀，模型可以表示为：

$$\pi_t = \zeta s_t + \beta E_t \pi_{t+1} \tag{2.19}$$

其中，ζ 代表边际成本的调整系数是结构参数的非线性组合，其形式依赖于特定市场结构假设。在简单情况下，可以表示为 $\zeta=(1-\alpha)(1-\alpha\beta)/\alpha$，$\alpha$ 为不调整价格的概率，β 为贴现因子（Sbordone，2007）。在特定的模型中，也可以表示为 $\zeta=(1-\alpha)(1-\alpha\beta)/\alpha(1+\theta\omega)$，其中，$\theta$ 为商品替代弹性，ω 为产出的边际成本弹性（Levin、Lopez - Salido & Yun，2006）。

虽然新凯恩斯菲利普斯曲线具有理论优势，不过在经验研究中却被很多学者诟病，主要缺陷在于不能产生通货膨胀持续性。为了将滞后通货膨胀引入到通货膨胀动态模型中，学者们做了很多的努力。例如，Gali 和 Gertler（1999）允许一部分厂商偏离完全的理性，反而按照简单的拇指规则设定价格。一些学者允许厂商对于过去的通货膨胀部分或完全指数化来设定最优的价格（Christiano，Eichenbaum & Evans，2005；Smets & Wouters，2003；Giannoni & Woodford，2003；Woodford，2003）。在 Calvo 模型的基础上引入滞后通货膨胀来反映通货膨胀持续性，可以得到混合新凯恩斯菲利普斯曲线（HNKPC）：

$$\pi_t = \gamma s_t + \gamma_f E_t \pi_{t+1} + \gamma_b \pi_{t-1} + \mu_t \tag{2.20}$$

其中，γ_f 和 γ_b 分别是微观主体在形成通胀预期过程中分配给期望通胀和滞后通胀的权重，$0\leqslant\gamma_f\leqslant1$，$0\leqslant\gamma_b\leqslant1$。$\gamma_b$ 反映了通货膨胀持续性的程度。

2.3.2.3 结构时间序列测度方法

如果不考虑中央银行的通货膨胀目标的变化，采用时间序列的方法估计通货膨胀持续会被过高估计。Dossche 和 Everaert（2005）考虑时变的通货膨胀目标，利用结构时间序列的方法测度不同来源的通货膨胀持续性。该方法的基本结构模型可以表示为：

$$\pi_{t+1}^{T} = \pi_{t}^{T} + \eta_{1t} \tag{2.21}$$

$$\pi_{t+1}^{P} = E_{t+1}\pi_{t+1}^{T} \tag{2.22}$$

$$\pi_{t} = \left(1 - \sum_{i=1}^{q}\varphi_{i}\right)\pi_{t}^{P} + \sum_{i=1}^{q}\varphi_{i}L^{i}\pi_{t} + \beta_{1}z_{t-1} + \varepsilon_{1t}, \sum_{i=1}^{q}\varphi_{i} < 1 \tag{2.23}$$

其中，π_t^T 为中央银行通货膨胀目标，π_t^P 为感知的通货膨胀目标，π_t 为可观测的通货膨胀率，z_t 为产出缺口（实际产出偏离潜在产出百分比偏差），L 为滞后算子。η_{1t}，ε_{1t}为相互独立的零均值白噪声。

方程（2.21）中的 π_t^T 被描述为一个随机游走过程，即假定中央银行的通货膨胀目标变化是永久的。这种变化可以理解为中央银行偏好的变化，或者误解实际经济变量的自然率水平而设定的目标。由于非对称性信息、信息提取、黏性信息以及非完美公信力等因素，π_t^T 的变化不可能立即传递到通货膨胀预期中，所以方程（2.22）中引入感知的通货膨胀目标 π_t^P 来捕捉经济行为主体对中央银行通货膨胀目标的信念。方程（2.23）中的期望算子可以对 π_t^P 和 π_{t+1}^T 和加权平均得到：

$$\pi_{t+1}^{P} = (1-\delta)\pi_{t}^{P} + \delta\pi_{t+1}^{T} + \eta_{2t}, \quad 0 < \delta < 1 \tag{2.24}$$

其中，η_{2t}为零均值的白噪声，加权参数 δ 可以理解为信息更新参数（Mankiw & Reis，2002）或者卡尔曼增益比例参数（Erceg & Levin，2003；Andolfatto et al.，2002）。δ 测度了通货膨胀目标的变化影响私人经济主体长期通货膨胀预期的速度，即基于预期的通货膨胀持续性。δ 等于1，中央银行的通货膨胀目标立即传递到通货膨胀预期。δ

取值越小，预期反应于通货膨胀目标的速度越慢。

方程（2.23）为菲利普斯曲线。感知的通货膨胀目标 π_t^P 是与私人主体通货膨胀预期一致的通胀率，作为中期通货膨胀目标。商业周期冲击反映在 z_{t-1} 上，ε_{1t}测度成本推动的冲击。通货膨胀 π_t 响应成本推动冲击的速度可以通过自回归系数和 $\sum_{i=1}^{q}\varphi_i$ 表示，测度内在通货膨胀持续性，通常与价格和工资的设定机制有关。通货膨胀反映与商业周期冲击的调整速度，除了受内在通货膨胀持续性影响外，还受到产出缺口响应商业周期冲击的持续性的影响，后一种可以看作外在的通货膨胀持续性。

接下来，Dossche 和 Everaert（2005）分别采用单变量和多变量的方法对上述模型进行了识别。首先，单变量的方法仅仅利用通货膨胀数据估计上述的方程（2.21）~方程（2.24）。鉴于有限的信息集，基本模型在两方面进行了简化。一方面设定方程（2.23）中的 $\beta_1=0$，这种设定不考虑实际产出信息，不能区分内在通货膨胀持续性和外在通货膨胀持续性。另一方面，排除对于 π_t^P 的冲击，即 $\eta_{2t}=0$。在这种约束下，方程（2.24）可以写成：

$$\pi_{t+1}^P=(1-\delta)\pi_t^P+\delta\pi_{t+1}^T+\eta_{1t} \tag{2.25}$$

方程（2.24）这种表述方式表明几个方面的约束：一是中央银行通货膨胀目标冲击对于通货膨胀有长期的影响；二是通货膨胀预期偏离中央银行通货膨胀目标较长一段时期；三是通货膨胀是围绕感知通货膨胀目标的一个稳定 AR 过程。

单变量方法不能有效的区分内在通货膨胀持续性和外在通货膨胀持续性，因此多变量方法加入实际产出和中央银行关键利率的信息。在方程（2.21）~方程（2.24）基础上加入一些扩展的方程：

$$i_t=\rho_2 i_{t-1}+(1-\rho_2)(r_t^*+\pi_t^P)+\rho_1(\pi_{t-1}-\pi_t^T)+\varepsilon_{2t} \tag{2.26}$$

$$y_t^r=y_t^P+z_t \tag{2.27}$$

$$z_t=\beta_2 z_{t-1}+\beta_3 z_{t-2}-\beta_4(i_{t-1}-\pi_{t-1}^P-r_{t-1}^*)+\varepsilon_{3t} \tag{2.28}$$

$$y_{t+1}^{P} = \lambda_{t+1} + y_{t}^{P} + \eta_{3t} \quad (2.29)$$

$$\lambda_{t+1} = \lambda_{t} + \eta_{4t} \quad (2.30)$$

$$r_{t+1}^{*} = \gamma\lambda_{t+1} + \tau_{t+1} \quad (2.31)$$

$$\tau_{t+1} = \theta\tau_{t} + \eta_{5t} \quad (2.32)$$

其中，ε_{2t}，ε_{3t}，η_{3t}，η_{4t}，η_{5t}是相互独立的零均值白噪声。

方程（2.26）中的利率规则将中央银行关键利率 i_t 与中期名义利率 $r_t^* + \pi_t^P$，通货膨胀与其目标的偏差 $\pi_{t-1} - \pi_t^T$，利率平滑或者货币政策惯性 i_t 联系起来，来反映中央银行的货币政策立场。方程（2.27）是将实际产出 y_t^r 分解为潜在产出 y_t^P 和产出缺口 z_t 的关系式。方程（2.28）为总需求方程，将产出缺口 z_t 与其滞后项和或货币政策传导项 $i_{t-1} - \pi_{t-1}^P - r_{t-1}^*$联系起来。方程（2.29）和方程（2.30）将潜在产出刻画为带漂移的随机游走过程，且漂移项是时变的，同样为随机游走过程。方程（2.31）是实际短期利率 r_t^* 与潜在产出趋势增长 λ_t 和其他决定时间偏好成分 τ_t 的联系方程，而方程（2.32）假定 τ_t 服从一个 AR 过程，其平稳与否取决于 θ 的取值。

在具体估计时，首先将结构时间序列模型转换为状态空间形式，然后借助于卡尔曼滤波、卡尔曼平滑、贝叶斯方法分别对单变量模型和多变量模型进行估计得到结果。

Dossche 和 Everaert（2005）基于上述的模型对欧元区和美国通货膨胀持续性的来源结构进行测度。结果发现，从中央银行关键利率提取的信息证实通货膨胀目标的变化是引起通货膨胀非稳定的重要成分。此外，反映中央银行通货膨胀目标变化的通货膨胀预期的缓慢调整和作用于通货膨胀的冲击的持续性，是导致通货膨胀持续性的重要因子。这些成分解释了战后大部分高通货膨胀持续性。考虑这些成分，内在通货膨胀持续性低于随机游走的持续性，即通过自回归系数和测度内在通货膨胀持续性，欧元区接近于 0.45，而美国接近于 0.8。Maehado 和 Portugal（2011）采用 Dossche 和 Everaert（2005）模型对巴西通货膨胀持续性进行了研究，发现巴西内在通货膨胀持续呈现显著的下降，但外在通货膨胀持续性和基于预期通货膨胀持续性并没有发生太大的变化。

2.4 通货膨胀持续性理论模型

2.4.1 Gordon“三角”形式通货膨胀持续性模型

早期的加速菲利普斯曲线通过引入滞后通货膨胀来模型通货膨胀持续性。这种描述的典型例子就是Gordon“三角”形式通货膨胀模型（Gordon，1982），模型可以表示为：

$$\pi_t = \sum_{i=1}^{k} a_i \pi_{t-i} - b(U_t - \bar{U}) + cx_t + \varepsilon_t \qquad (2.33)$$

通货膨胀 π_t 依赖于它的滞后值（通常系数和等于反映加速菲利普斯曲线准则），实际经济活动变量（失业率 U_t 与非加速通货膨胀失业率 $\bar{U}$ 的偏差），关键相对价格变化 x_t。在这个模型中，通货膨胀缓慢调整，被其过去值部分锚定，同时响应于实际经济活动和供给冲击。这些变量本身是持续的，因而通货膨胀将继承（inherit）它们的持续性。一个关键的问题，除了继承 U_t 和 x_t 的持续性，是否还存在内在的持续性。如果通货膨胀存在内在的持续性，通货膨胀模型可能要求等价于方程（2.33）。

在早期的文献中，滞后通货膨胀的理论表述通常是预期通货膨胀以及合约其他价格设定摩擦的替代。在经验分析中，加入滞后通货膨胀，能够帮助模型更好的拟合数据。Fuhrer和Moore（2009）通过比较包含滞后项和不包含滞后项模型，发现加入滞后项滞后，Gordon“三角”形式的菲利普斯曲线拟合优度 R^2 明显增大（见表2-1）。

表 2-1 "三角"形式的菲利普斯曲线 R^2

模型		R^2	模型		R^2
核心 CPI，1966：Q1 ~ 1984：Q4	带滞后项，$\sum \alpha_i = 1$	0.74	核心 CPI，1985：Q1 ~ 2008：Q4	带滞后项，$\sum \alpha_i = 1$	0.79
	带滞后项，$\sum \alpha_i \neq 1$	0.74		带滞后项，$\sum \alpha_i \neq 1$	0.79
	不带滞后项	0.24		不带滞后项	0.09
核心 PCE，1966：Q1 ~ 1984：Q4	带滞后项，$\sum \alpha_i = 1$	0.76	核心 PCE，1985：Q1 ~ 2008：Q4	带滞后项，$\sum \alpha_i = 1$	0.72
	带滞后项，$\sum \alpha_i \neq 1$	0.77		带滞后项，$\sum \alpha_i \neq 1$	0.72
	不带滞后项	0.39		不带滞后项	0.16

模型的具体形式可以表述为：

$$\pi_t = \sum_{i=1}^{4} \alpha_i \pi_{t-i} + \sum_{j=1}^{2} \beta_j U_{t-j} + \sum_{k=1}^{2} \gamma_k \Delta rp_{t-k}^{0} + C \qquad (2.34)$$

其中，π_t 表示季度核心通货膨胀率，U 表示城市失业率，rp^0 为相对石油价格。

Gordon（1982）提出"三角"形式的菲利普斯曲线，认为影响通胀的因素可以归纳为需求拉动、成本推动和通胀持续性三种因素，通过引入滞后多期的通货膨胀，可以获得对数据较好的拟合结果，但三角模型卢卡斯批判的制约（陈彦斌，2008）。

由于传统菲利普斯曲线缺少微观基础，无法回避卢卡斯批判。近些年来，新凯恩斯已经成为分析通货膨胀动态和货币政策的重要工具。Taylor（1980）和 Calvo（1983）在这一领域做出了开创性的贡献。他们在交错价格设定基础上，引入理性预期和黏性价格，并通过经济主体的最优化行为推导出完全前瞻性的新凯恩斯菲利普斯曲线模型。虽然该模型具有良好的围观基础，但由于没有考虑通货膨胀黏性，不能很好地拟合通货膨胀数据（Fuhrer & Moore，1995）。因此，如何将通货膨胀持续性引入到宏观经济模型，成为一个重要课题，众多学者在这一领域做出了突出的贡献。

2.4.2 Fuhrer 和 Moore 通货膨胀持续性模型

大量经验研究表明，由于通货膨胀存在较强的持续性，完全前瞻性的新凯恩斯菲利普斯曲线模型拟合数据效果较差。为了将滞后通货膨胀引入通货膨胀动态模型，许多学者对新凯恩斯模型进行了修正。Fuhrer 和 Moore（1995）表明 Calvo 的交错价格模型仅仅考虑价格黏性，而没有考虑通货膨胀黏性。为此，Fuhrer 和 Moore 在 Taylor（1980）和 Calvo（1983）的基础上，提出了一个相对合约模型，来展现通货膨胀持续性。

Fuhrer 和 Moore（1995）考虑一个两期的框架。定义对数的合约工资为 x_t，价格一个单位固定工资加成，因此对数的价格指数可以表示第 t 期和第 t-1 期协商合约工资的加权平均：

$$p_t = \frac{1}{2}(x_t + x_{t-1}) \tag{2.35}$$

Taylor（1980）假定合约工资是滞后合约和预期合约工资的加权平均加上过度需求 y_t 的调整值：

$$x_t = \frac{1}{2}(x_t + E_t x_{t+1}) + ky_t,\ k > 0 \tag{2.36}$$

方程（2.36）可以被写成：

$$\Delta x_t = E_t \Delta x_{t+1} + 2ky_t \tag{2.37}$$

其中，$\Delta x_t = x_t - x_{t-1}$，对方程（2.35）取一阶差分可以得到通货膨胀率 π_t 的方程：

$$\pi_t = \Delta p_t = \frac{1}{2}(\Delta x_t + \Delta x_{t-1}) \tag{2.38}$$

将方程（2.37）及其滞后代入方程（2.38），可以得到：

$$\pi_t = E_t \pi_{t+1} + k(y_t + y_{t+1}) \tag{2.39}$$

这种泰勒形式的模型表明通货膨胀 π_t 持续性主要来源于 y_t 的持续性。因此，Fuhrer 和 Moore（1995）提出一个新工资合约方程，假定行为主体关心相对的实际工资：

$$x_t - p_t = \frac{1}{2}[(x_{t-1} - p_{t-1}) + E_t(x_{t+1} - p_{t+1})] + \gamma y_t \quad (2.40)$$

将方程（2.40）代入方程（2.35）可以得到：

$$\pi_t = \frac{1}{2}(\pi_{t-1} + E_t\pi_{t+1}) + \frac{k}{2}(y_t + y_{t-1}) \quad (2.41)$$

这样，通货膨胀持续性作为滞后通货进入到方程中。Fuhrer 和 Moore（1995）首次将通货膨胀持续性引入通货膨胀动态模型中，并且能够很好地拟合美国的数据。但一些学者认为对于相对合约模型中工人们关心其他工人过去的实际工资的假设是不合理的，合理假设应该是工人们关心其他工人当前的实际工资。如果这样，通货膨胀方程中将不会产生通货膨胀持续性（Holden & Driscoll，2003）。

2.4.3 Gali 和 Gertler 通货膨胀持续性模型

Gali 和 Gertler（1999）与 Calvo 黏性价格模型一致，认为每个厂商在给定时期能够重新调整价格的概率为 $1-\theta$。但不同于 Calvo 模型的是存在两种类型的厂商，比例为 $1-\omega$ 的厂商按照前瞻性的方式进行定价，剩余比例为 ω 的厂商采取后顾性的方式，即简单的拇指原则设定价格。在 Calvo 模型的基础上引入滞后通货膨胀来反映通货膨胀持续性，可以得到混合新凯恩斯菲利普斯曲线（HNKPC）：

$$\pi_t = \lambda mc_t + \gamma_f E_t\pi_{t+1} + \gamma_b\pi_{t-1} \quad (2.42)$$

在这个模型中，使用实际边际成本 mc_t 替代产出缺口，另外模型中的调整参数可以表示为三个结构参数：价格黏性程度 θ、后顾性的程度 ω 以及折现因子 β 的函数。其中，$\lambda = (1-\omega)(1-\theta)(1-\beta\theta)\phi^{-1}$，$\gamma_f = \beta\theta\phi^{-1}$，$\gamma_b = \omega\phi^{-1}$，$\phi = \theta + \omega[1-\theta(1-\beta)]$。

Gali 和 Gertler（1999）利用 GMM 的方法对上述模型进行了估计，估计结果表明边际成本的调整系数较小，但是比较显著；与前瞻性通货膨胀预期相比，后顾性通货膨胀的影响较为中等。同时发现 20 世纪 80 年代之后美国通货膨胀持续性有所上升。

2.4.4 Sheedy 通货膨胀持续性模型

Sheedy（2007）的主要想法是放松 Calvo（1983）模型一个假定条件，即企业调整价格的概率与上一次改变价格的时间存在联系。Sheedy（2007）表明，重新设定的假设一个更加合理安排，新的价格比老的价格更具有黏性，即价格保持不变的时间越长，改变的概率就越大。在此基础上，提出包含后顾性和前瞻性的菲利普斯曲线模型，可以表示为：

$$\pi_t = \sum_{i=1}^{N} \gamma_i \pi_{t-i} + \sum_{i=1}^{N+1} \delta_i E_t \pi_{t+i} + \kappa_x mc_t \tag{2.43}$$

其中，γ_i 和 δ_i 分别为滞后通货膨胀和预期通货膨胀的系数，κ_x 是菲利普斯曲线的斜率，N 是递归的阶数，价格调整概率 $\{\alpha_i\}_{i=1}^{\infty}$可以表示为：

$$\alpha_i = \alpha + \sum_{j=1}^{Min(i-1,N)} \psi_j \left[\prod_{k=i-j}^{i-1} (1 - \alpha_k)\right]^{-1} \tag{2.44}$$

其中，$\alpha_i > 0$，对于 i = 1，2，3，…，并且对应的生存概率 $\{\varsigma_i\}_{i=1}^{\infty}$可以表示为：

$$\varsigma_i = (1 - \alpha)\varsigma_{i-1} - \sum_{i=1\psi_j}^{Min(i-1,N)} \varsigma_{i-1-j} \tag{2.45}$$

当$\varsigma_i = 1$ 时，参数 κ_x、γ_i 和 δ_i 可以表达为 α 和 ψ_i 的函数。当 N = 1 时，$\gamma_1 = \psi_1\{1 - \alpha - \psi_1[1 - \beta(1 - \alpha)]\}^{-1}$，$[\delta_1, \delta_2]' = [\beta(1 + (1 - \beta)\gamma_1), -\beta^2\gamma_1]'$，并且 $\kappa_x = \eta_{cx}(\alpha + \psi_1)[1 - \beta(1 - \alpha) + \beta^2\psi_1]\{1 - \alpha - \psi_1[1 - \beta(1 - \alpha)]\}^{-1}$，对于详细的推导过程可以参阅 Sheedy（2007）附录 A.6。

2.4.5 Mankiw 和 Reis 通货膨胀持续性模型

Mankiw 和 Reis（2002）通过对新凯恩斯菲利普斯曲线模型的经

验检验发现，这种模型拟合数据的能力较差，不能很好地解释通货膨胀的持续性存在，并且除了与经验事实相悖的结论。为了解决新凯恩斯主义菲利普斯曲线模型存在的这些问题，Mankiw 和 Reis（2002）提出了黏性信息菲利普斯曲线模型来解释通货膨胀动态。

在黏性信息菲利普斯曲线模型中，假定在每一个场合下厂商的价格总是变动，但是价格决策并不是以最新信息为基础的。假定在每一个时期，都有一定比例的厂商更新其信息，并以此为基础制定新的价格，而另外一部分厂商仍然按照原有的陈旧的信息来设定价格。厂商的定价行为与 Calvo 的交错定价模型类似，无论厂商上次更新信息是在哪个时期，每一个厂商在更新其价格计划方面均有相同的概率。

Mankiw 和 Reis（2002）的黏性信息模型包含一个数量方程：

$$y_t = m_t - p_t \tag{2.46}$$

其中，y_t 为对数实际产出，m_t 为对数名义收入，p_t 为对数价格水平。名义收入是一个外生的过程，可以表示为：

$$\Delta m_t = \rho_m \Delta m_{t-1} + \varepsilon_t \tag{2.47}$$

其中，$\rho_m \in [0, 1]$。方程（2.44）和方程（2.45）反映了总需求。

总供给使用了两个方程。第一个方程描述了厂商在第 t－1 期信息集下的最优价格，可以表示为：

$$p^*_{t,t-k} = E_{t-k}[p_t + \alpha y_t] \tag{2.48}$$

在此方程中，α 值越小对应的实际刚性程度越大。厂商价格的设定总的价格水平和总需求水平。实际刚性决定在价格设定过程中总需求的相对重要程度。较低的 α（高实际刚性）值表明厂商设定价格时，考虑其他厂商的价格要多于总的需求水平。

第二个方程是黏性信息的价格水平，信息更新服从泊松过程，μ 是厂商不更新它的预期的概率。价格水平可以被表示为：

$$p_t = (1-\mu)\sum_{j=0}^{\infty} \mu^j p^*_{t,t-j} \tag{2.49}$$

整合方程（2.48）和方程（2.49）可以得到黏性信息的菲利普

斯曲线方程：

$$\pi_t = \frac{1-\mu}{\mu}\alpha y_t + (1-\mu)\sum_{j=0}^{\infty}\mu^j E_{t-1-j}(\pi_t + \alpha\Delta y_t) \quad (2.50)$$

方程（2.50）表明当期通货膨胀率不仅仅取决于当前产出，而且还取决于过去对当前通货膨胀以及产出缺口变动的预期。从方程中可以看出，虽然黏性信息菲利普斯曲线体现了前瞻性预期，但其实际上也包含后顾性的预期。那么即便实际产出缺口发生了变化，企业仍有可能保持过去的价格不变，这样通货膨胀就会产生持续性的特征。此外，Mankiw 和 Reis（2002）利用经验数据对黏性信息模型进行实证检验过程中，也发现该模型确实呈现了持续性的特征。

2.4.6 Milani 通货膨胀持续性模型

新凯恩斯菲利普斯曲线模型建立理性预期的假设基础之上，即经济行为主体拥有充分信息，能够对未来做出完美的遇见。但是事实上，人们不可能拥有完备的信息，需要不断地进行学习，更新信息，从而做出预期。Milani（2007）放松理性预期的假设，引入适应性学习（addaptive learning）来描述经济主体预期形成过程，来分析通货膨胀持续性产生的原因。

首先，Milani（2007）在理性预期的基础上，假定非最优化的厂商通过对滞后通货膨胀的指数化来引入通货膨胀惯性，最终获取准差分（quasi-differenced）形式通货膨胀动态方程可以表示为：

$$\pi_t - \gamma\pi_{t-1} = \delta x_t + \beta E_t(\pi_{t+1} - \gamma\pi_t) + \mu_t \quad (2.51)$$

其中，π_t 代表通货膨胀率，x_t 表示产出缺口，μ_t 代表成本推动的冲击。该方程描述通货膨胀依赖于当期的产出缺口以及一期向前的通货膨胀预期。

然后，放松理性预期的假设，假定厂商具有主观（非理性）预期，可以用 $\hat{E}_t$ 来表示。在主观预期假设下，通货膨胀运动过程可以表述为：

$$\pi_t - \gamma\pi_{t-1} = \delta x_t + \beta \hat{E}_t[\pi_{t+1} - \gamma\pi_t] + \mu_t \quad (2.52)$$

该方程也可以表示为：

$$\pi_t = \frac{\gamma}{1+\beta\gamma}\pi_{t-1} + \frac{\beta}{1+\beta\gamma}\hat{E}_t\pi_{t+1} + \frac{\delta}{1+\beta\gamma}x_t + \mu_t \quad (2.53)$$

在这种描述中，厂商需要预测未来的通货膨胀来决定当前通货膨胀过程。接下来，Milani（2007）假定经济行为主体通过一个简单AR(1）模型形成通货膨胀预期：

$$\pi_t = \phi_{0,t} + \phi_{1,t}\pi_{t-1} + \varepsilon_t \quad (2.54)$$

方程（2.54）被称为行为主体的感知运转模型（perceived law motion，PLM）。随着新的数据的加入，行为主体采取固定收益学习（constant gain iearning）不断更新他们的估计，其学习方程可以表示为：

$$\hat{\phi}_t = \hat{\phi}_{t-1} + \kappa R_{t-1}^{-1}X_t(\pi_t - X_t'\hat{\phi}_{t-1}) \quad (2.55)$$

$$R_t = R_{t-1} + \kappa(X_{t-1}X'_{t-1} - R_{t-1}) \quad (2.56)$$

其中，方程（2.55）描述了预测规则系数 $\hat{\phi}_t = (\phi_{0,t},\ \phi_{1,t})'$实时更新过程，方程（2.56）展示了动差矩阵（moment matrix）R_t 的演进过程，$X_t = \{1,\ \pi_{t-1}\}_0^{t-1}$。$\kappa$ 表示固定收益学习的系数。

Milani（2007）假定行为主体利用 $t-1$ 期的信息形成第 t 期的预期，因此可以使用 $\hat{E}_t$ 替代 $\hat{E}_{t-1}$。使用感知运转模型（PLM）和参数（$\hat{\phi}_t$）更新方程，行为主体形成 $t+1$ 期的通货膨胀预期：

$$\hat{E}_{t-1}\pi_{t+1} = \phi_{0,t-1}(1 + \phi_{1,t-1}) + \phi_{1,t-1}^2\pi_{t-1} \quad (2.57)$$

将行为主体根据感知运转模型形成的预期方程（2.57）带入通货膨胀动态方程（2.52），可以获取实际运转模型（actual law of motion，ALM），即适应性学习的通货膨胀动态方程：

$$\pi_t = \frac{\beta\phi_{0,t}(1+\phi_{1,t})}{1+\beta\gamma} + \frac{\gamma+\phi_{1,t}^2}{1+\beta\gamma}\pi_{t-1} + \frac{\kappa}{1+\beta\gamma}x_t + \mu_t \quad (2.58)$$

Milani（2007）研究表明，当利用学习替代理性预期的假设时，作为通货膨胀持续性的结构来源的指数化对于拟合数据不再是重要的。因此，学习可以被看作是通货膨胀持续性一个主要的来源。

2.5 本章小结

理解通货膨胀动态，对于货币政策的实施是至关重要的。通货膨胀持续性是货币政策传导机制的关键要素，直接决定价格稳定的目标的实现。那么到底什么是通货膨胀持续性呢？它产生的根源是什么呢？如何测度通货膨胀持续性？如何将通货膨胀持续性纳入到宏观经济模型呢？这些问题都是学者们比较关心的问题。

首先，本章对于现有文献中关于通货膨胀持续性的定义进行了梳理。然后，分析通货膨胀持续性产生根源，很多因素将影响到通货缓慢收敛于其均衡水平，Angeloni 等（2006）将通货膨胀持续性产生的根源归纳为三个方面：第一，外在的驱动因素；第二，内在的驱动因素；第三，预期因素。接下来，对于通货膨胀持续性的测度方法进行了阐述。通常测度方法可以分为两大类：一种是简化测度方法，主要根据数据的生成过程测度通货膨胀持续性；另一种方法是结构测度方法，主要采用结构模型来测度通货膨胀持续性。最后对于通货膨胀持续性的理论模型的演进进行了阐述。

第3章　中国通货膨胀持续性研究方法

通货膨胀持续性的程度大小以及是否发生了结构突变，是研究通货膨胀持续性的两个核心问题。通常通货膨胀持续性程度以及结构突变的时点对于选择统计研究方法具有很强的敏感性。因此选择适合的方法来研究中国的通货膨胀持续性问题将具有重要的现实意义。本章将具体阐述在研究中国通货膨胀持续性过程所采用研究方法。

3.1　通货膨胀持续性的简化测度方法

通货膨胀持续性反映了受到冲击后，通货膨胀返回其均衡水平的时间或速度。Marques（2004）、Dias 和 Marques（2005）指出，任何形式通货膨胀持续性的估计都是以通货膨胀的长期均衡水平为条件的。在通货膨胀持续性简化测度方法中，可以采用通货膨胀均值近似替代通货膨胀的长期均衡水平。因而，通货膨胀持续性的估计对于通货膨胀均值是非常敏感的。如果假定通货膨胀均值是恒定的，通货膨胀持续性水平将被高估；反之，时变均值下通货膨胀持续性水平将会变低。鉴于国内学者测度中国通货膨胀持续性通常假定通货膨胀均值是恒定的，本书则在时变均值假定条件下估计中国的通货膨胀持续性。为了保证估计结果的稳健型，我们对恒定均值与时变均值情况下的通货膨胀持续性进行比较。

3.1.1 恒定均值下通货膨胀持续性测度方法

Andrews 和 Chen（1994）表明自回归系数和法是通货膨胀持续性最好的参数测度方法，因此本节将选择此种方法来测度中国通货膨胀持续性程度。同时考虑通货膨胀持续性测度对统计方法的敏感性，我们还采取半衰期法以及均值回归频率的方法。

关于自回归系数和是测度通货膨胀持续性最常用的指标。首先，我们假定通货膨胀满足一个稳定 AR(p) 过程，可以表示为：

$$\pi_t = \alpha + \sum_{j=1}^{k} \beta_j \pi_{t-j} + \varepsilon_t \tag{3.1}$$

其中，π_t 为第 t 期的 CPI 通胀率，ε_t 为白噪声的误差项，α 为常数项，$\sum_{j=1}^{k} \beta_j$ 为自回归系数和。为了测度通货膨胀持续性，方程（3.1）可以重新表示为：

$$\pi_t = \alpha + \sum_{j=1}^{k-1} \delta_j \Delta\pi_{t-j} + \rho\pi_{t-1} + \varepsilon_t \tag{3.2}$$

或者 $$\pi_t - \mu = \alpha + \sum_{j=1}^{k-1} \delta_j \Delta(\pi_{t-j} - \mu) + \rho(\pi_{t-1} - \mu) + \varepsilon_t \tag{3.3}$$

其中，$\rho = \sum_{j=1}^{k} \beta_j$ 作为通货膨胀持续性的测度指标。

半衰期是指通货膨胀的冲击保持在 0.5 以上单位冲击的时期，通常也是衡量通货膨胀持续性比较有用的指标。如果通货膨胀服从一阶自回归过程，半衰期可以通过公式 $HL = \ln(1/2)/\ln(\rho)$ 进行计算。对于高阶自回归过程，计算比较复杂，可以采用该公式进行近似。

关于均值回归频率的方法，Marques（2004）使用不穿越均值频率 $\gamma = 1 - n/T$ 来衡量通货膨胀持续性。其中，γ 表示通货膨胀持续性测度指标，n 表示样本区间内穿越均值的次数，T + 1 代表样本观测值的个数。均值回归频率法是一种非参数的估计方法，该种方法优势在于无须设计和估计通货膨胀过程，并且该统计量是稳健的，不存在模型误设。另外，Dias 和 Marques（2005）通过蒙特卡洛模拟的方法证实，相对于参数估计方法，均值回归频率法在估计通货膨胀持续性时产生的误差更小。

3.1.2 时变均值下通货膨胀持续性测度方法

经典方法中通常假定通货膨胀均值是恒定的，然而实践中通货膨胀均值往往时变的。如果不考虑通货膨胀均值的变化特征，就可能导致通货膨胀持续性的错误估计。首先，一个关键的问题就是如何来估计时变的通货膨胀均值。本书将采取简单的统计模型与 HP 滤波方法来提取通货膨胀均值。

时变均值的第一种提取的方法，可以通过简单的线性趋势模型 $\pi_t = \alpha + \beta t$ 的拟合值进行表示，其中时间变量 t 对应不同的样本区间范围。

第二种方法通过 HP 滤波方法进行提取，按照 Hodrick 和 Prescott（1980）提出的 HP 滤波方法的工作原理，假设通货膨胀率 π_t 包含长期趋势成分和短期波动成分的序列，π_t^T 代表长期趋势成分，π_t^C 代表短期波动成分。则

$$\pi_t = \pi_t^T + \pi_t^C \quad (t = 1, 2, \cdots, T) \tag{3.4}$$

利用 HP 滤波法提取可观测部分趋势 π_t^T 的过程，可以定义为如下最小化问题的解：

$$\text{Min} \sum_{t=1}^{T} \{(\pi_t - \pi_t^T)^2 + \lambda \sum_{t=1}^{T} [(\pi_{t+1}^T - \pi_t^T) - (\pi_t^T - \pi_{t-1}^T)]^2\} \tag{3.5}$$

HP 滤波依赖于参数 λ，该参数需要先给定。根据经验，λ 的取值一般遵循如下规则：

$$\lambda=\begin{cases}100 & \text{年度数据}\\ 1600 & \text{季度数据}\\ 14400 & \text{月度数据}\end{cases}$$

本书采用月度数据，故 λ 取 14400，可以得到通货膨胀率 π_t 的趋势序列，以此表示时变的通货膨胀均值。

当考虑时变的均值时，我们将采用不穿越均值频率 γ 以及新的自回归系数和 ρ 进行测度。此时新的自回归系数和 ρ 将由通货膨胀与其均值离差所决定，方程（3.2）将重新表述为：

$$(\pi_t-\mu_t)=\sum_{j=1}^{k-1}\delta_j\Delta(\pi_{t-j}-\mu_{t-j})+\rho(\pi_{t-1}-\mu_{t-1})+\varepsilon_t \tag{3.6}$$

其中，μ_t 代表时变的通货膨胀均值。

3.2 通货膨胀持续性的结构测度方法

通货膨胀持续性的简化测度方法，操作简单，仅仅依据通货膨胀序列的特征以自回归模型为基础对通货膨胀持续性程度进行测度。以往的经验研究中，该种方法得到了大量的应用（例如，Nelson & Plosser，1982；Fuhrer & Moore，1995；Cogley & Sargent，2005；Pivetta & Reis，2007）。然而，通货膨胀持续性简化测度方法没有考虑通货膨胀潜在生成过程，属于非条件的通货膨胀持续性，难以理清通货膨胀持续性产生的根源（Dossche & Everaert，2005）。对于货币政策制定者来说，除非知道简化冲击的潜在来源，否则仅仅测度简化持续性的作用较为有限。

最近，也有一些学者设计带摩擦模型来分析通货膨胀持续性产生的原因，如后顾性的行为主体（Galí & Gertler，1999），价格指数化（Christiano，Eichenbaum & Evans，2005），消费习惯持续性（Christiano，Eichenbaum & Evans，2005），学习（Milani，2007），实际工资刚性（Blanchard & Galí，2007）。但是上述方法只关注通货膨胀持续性根源的某一个方面，不同摩擦对通货膨胀持续性的影响是不一样，有些影响是直接的，而有些影响是通过其他变量间接影响的。如果不能对通货膨胀持续性根源进行有效的梳理，将会影响到通货持续性测定结果的准确性。

相对而言，国内学者主要利用通货膨胀持续性的简化测度方法对中国通货膨胀持续性测度。例如，张成思（2008）基于通货膨胀序列的自回模型，利用“格点拔靴”中值无偏估计的方法以及未知突变点检验的方法对中国通货膨胀持续性进行了研究，其实证结果表明中国通货膨胀持续性水平较高，并呈现明显下降的趋势。王少平和王津港（2009）构建了具有内生结构突变的动态面板数据模型，对中国通胀持续性的结构突变进行了检验，并利用广义矩估计的方法对通货膨胀持续性程度进行了测度，结果表明，中国通货膨胀持续性发生内生结构突变，不同阶段通货膨胀持续性存在差异。另外也有学者利用混合新凯恩斯模型来研究中国的通货膨胀持续性（例如，李振和杨晓光，2007；陈彦斌，2008；杨小军，2011）。现有文献中对于通货膨胀持续性的研究，要么借助于通货膨胀自回归模型，或者利用含有其他宏观经济变量的模型。很明显仅仅利用自回归系数和这种简化测度方法，其实际意义具有很大的局限性。虽然考虑宏观经济变量的多变量模型，能够更全面地测度通货膨胀持续性，但是究竟将那些宏观经济变量纳入模型也存在很大的争议。

为了分析中国通货膨胀持续性产生的根源。本书首先遵从 Angelani、Ancremanne 和 Ciccarelli（2006）的做法，将通货膨胀持续性根源划分为三种：第一种叫内在的通货膨胀持续性，主要由于价格指数化或者是后顾型的行为主体使通货膨胀与其滞后相关；第二种叫基于预期的通货膨胀持续性，主要由于非对称信息或不完备的公信力（imperfect credibility）导致私人主体感知的通货膨胀目标不同于实际的通货膨胀目标；第三种叫外在的通货膨胀持续性，它被产出缺口的持续变动所决定。基于预期的通货膨胀持续性和外在的通货膨胀持续性也被标记为继承的通货膨胀持续性，因为通货膨胀继承其他驱动变量的持续性运动。然后利用 Dossche 和 Everaert（2005，2007）的方法，构建包含不可观测因子的单变量和多变量的模型，并运用卡尔曼滤波算法进行估计，从而达到对不同根源的通货膨胀持续性的测度。下面我们将具体阐述本部分模型的构建过程。

3.2.1 通胀持续性结构测度模型的构建

在已有测度通货膨胀持续性的标准文献中，一般采用下面单变量自回归模型来测度通货膨胀持续性，滞后变量的系数和用来测度通货膨胀持续性。π_t 表示通货膨胀水平，$\sum_{i=1}^{k}\varphi_i$ 是通货膨胀持续性的测度指标。

$$\pi_t = \mu + \sum_{i=1}^{k}\varphi_i\pi_{t-i} + \nu_t$$

$$\nu_t \sim N(0,\ \sigma_\nu) \tag{3.7}$$

Pivetta 和 Reis（2007），Oliveira 和 Petrassi（2010）认为方程（3.7）可能存在共线性，对上述模型进行了修改（如方程（3.8）所示），可以消除共线性的影响，较准确的进行估计。在两种模型中，通货膨胀动态依赖于均值 μ 和自回归因子。因此任何这种形式的模型都属于非条件的测量。

$$\pi_t = \mu + \rho\pi_{t-1} + \sum_{i=1}^{k}\phi_i\pi_{t-i} + \nu_t \tag{3.8}$$

与 Kozicki 和 Tinsley（2005）一致，我们对单变量的自回归模型进行简单的修改，通货膨胀被允许依赖于一个围绕感知通货膨胀目标（perceived inflation target）π_t^p 稳定的 AR 过程。

$$\pi_t = (1 - \sum_{i=1}^{k}\varphi_i)\pi_t^p + \sum_{i=1}^{k}\varphi_i\pi_{t-i} + \nu_{1t}$$

$$\nu_{1t} \sim N(0, \sigma_{\nu 1}) \tag{3.9}$$

这里 π_t^p 被作为不可观测的成分，代表行为主体感知通货膨胀目标。我们假定 π_t^p 与实际通货膨胀目标 π_t^T 相关，它也是一个不可观测的成分，两者的关系可以表示为：

$$\pi_{t+1}^p = (1-\delta)\pi_t^p + \delta\pi_{t+1}^T + \eta_{1t} \tag{3.10}$$

方程（3.9）中 $\sum_{i=1}^{k}\varphi_i$ 表示内在的通货膨胀持续性，它间接测度了感知通货膨胀目标的转换对可观测通货膨胀的影响速度。另一方面（$1-\delta$）是对基于预期的通货膨胀持续性来源的近似。很明显，δ 趋近于 1 时，私人主体能够完美预测通货膨胀。因此，来自预期误差的通货膨胀持续性没有影响。误差项 η_{1t}表示对于感知通货膨胀的冲击，并且仅对 π_t^p 有短期的影响。我们假定实际的通货膨胀目标服从随机游走过程。

$$\pi_t^T = \pi_{t-1}^T + \eta_{2t}$$
$$\eta_{2t} \sim N(0, \sigma_{\eta 2}^2) \tag{3.11}$$

接下来假设 $\eta_{1t}=0$，把方程（3.11）代入方程（3.10）可以得到方程（3.12）：

$$\pi_{t+1}^p = (2-\delta)\pi_t^p + (\delta-1)\pi_{t-1}^p + \delta\eta_{2t} \tag{3.12}$$

然而，在单变量模型中，不可能分离出外在的通货膨胀持续性，由于产出水平和利率没有发挥任何的作用。为了引入外在的通货膨胀持续性，我们进一步考虑了结构宏观经济模型。首先对方程（3.9）进行修改，引入新凯恩斯菲利普斯曲线并附加滞后的产出缺口 y_{t-1}，方程可以表示为：

$$\pi_t = (1-\sum_{i=1}^{k}\varphi_i)\pi_t^p + \sum_{i=1}^{k}\varphi_i\pi_{t-i} + \phi_1 y_{t-1} + \nu_{1t}$$
$$\nu_{1t} \sim N(0, \sigma_{\nu 1}^2) \tag{3.13}$$

第二个观测方程是中央银行的货币政策规则，当期的名义利率 i_t，由 $t-1$ 期利率 i_{t-1}、中立利率水平（$\pi_t^p + r_t^*$）和通货膨胀偏离其目标的离差（$\pi_{t-1}-\pi_t^T$）决定。

$$i_t=\rho_2 i_{t-1}+(1-\rho_2)(\pi_t^p+r_t^*)+\rho_1(\pi_{t-1}-\pi_t^T)+\nu_{2t}$$

$$\nu_{2t}\sim N(0,\ \sigma_{\nu_2}^2) \tag{3.14}$$

这里（$\pi_t^p+r_t^*$）可以被理解为自然利率水平。这个规则符合一般的理论规则，同时引入了通货膨胀目标，并且提出通货膨胀目标变换的信息。

最后考虑总需求方程。通常我们假定实际产出被分解为潜在产出和产出缺口，即 $y_t^r=y_t^p+y_t$，产出缺口可以被表示为其滞后项和货币政策传导机制（$i_t-\pi_{t-1}^p-r_{t-1}^*$），对应 IS 曲线方程：

$$y_t=\phi_2 y_{t-1}+\phi_3 y_{t-2}+\phi_4(i_t-\pi_{t-1}^p-r_{t-1}^*)+\nu_{3t}$$

$$\nu_{3t}\sim N(0,\ \sigma_{\nu_3}^2) \tag{3.15}$$

这里外在的通货膨胀持续性可以被 $\phi_2+\phi_3$ 表示，该方程清晰的包含了产出偏离其潜在水平的持续性。Laubach 和 Williams（2003）认为美国的自然利率水平已经发生了显著地变化，应该被考虑货币政策的设计中来。因此这里假定自然利率服从下边的过程：

$$r_{t+1}^*=\theta r_t^*+\eta_{3t}$$

$$\eta_{3t}\sim N(0,\ \sigma_{\eta_3}^2) \tag{3.16}$$

由于以上模型中包含很多不可观测的变量，下面我们将借助卡尔曼滤波方法进行估计。

3.2.2 状态空间描述与卡尔曼滤波估计

卡尔曼滤波可以对不可以观测的变量进行估计，通常进行卡尔曼滤波估计要把模型表示为状态空间的形式，包含两个方程：一个是状态方程；另一个是量测方程。

量测方程可以表示为：$y_t=Z\alpha_t+Ad_t+\varepsilon_t$ (3.17)

其中，y_t 为 N 为可观测变量；α_t 为 M 维不可观测的状态向量；Z 和 A 表示观测矩阵；d_t 为 K 维的外生变量；ε_t 是误差项，满足 $E(\varepsilon_t)=0$

并且 $Var(\varepsilon_t)=H$。

状态方程可以表示为：$\alpha_t = T\alpha_{t-1} + R\eta_t$ (3.18)

其中，T 为状态转移矩阵，R 为系数矩阵，η_t 是误差项，$E(\varepsilon_t)=0$ 并且 $Var(\eta_t)=Q$。这里 η_t 和 ε_t 是不相关的。卡尔曼滤波算法要求初始的状态向量 α_0 满足 $E(\alpha_0)=\alpha_0$，并且 $E(\varepsilon_t\alpha'_0)=0$、$E(\eta_t\alpha'_0)=0$、$Var(\alpha_0)=P_0$，$P_0$ 是半正定的。

在实践中，卡尔曼滤波主要是通过5个方程来实现的。下面过程持续更新一直持续到最后一期为止。

$$\alpha_{t/t-1} = T\alpha_{t-1} \tag{3.19}$$

$$\hat{y}_{t/t-1} = Z\alpha_{t/t-1} + Ad_t \tag{3.20}$$

$$F_t = ZP_{t/t-1}Z' + H_t \tag{3.21}$$

$$\alpha_t = \alpha_{t/t-1} + P_{t/t-1}Z'F_t^{-1}(y_t - Z\alpha_{t/t-1}Ad_t) \tag{3.22}$$

$$P_t = P_{t/t-1} - P_{t/t-1}Z'F_t^{-1}ZP_{t/t-1} \tag{3.23}$$

对于单变量的模型方程（3.9）~方程（3.12），可以把方程（3.9）看成是观测方程，把方程（3.10）~方程（3.12）看成是状态方程。

$y_t=[\pi_t]$；$\alpha_t=[\pi_t^p,\ \pi_{t-1}^p]$；$H=[\sigma_{\nu_1}^2]$；$A=[\varphi_1,\ \varphi_2,\ \varphi_3,\ \varphi_4]$；

$d_t=[\pi_{t-1},\ \pi_{t-2},\ \pi_{t-3},\ \pi_{t-4}]$；$\varepsilon_t=[\nu_{1t}]$；$\eta_t=[\eta_{2t}]$；$Q=[\sigma_{\eta_t}]$；

$Z=[(1-\sum_{i=1}^{4}\varphi_i),\ 0]$；$T=\begin{bmatrix}2-\delta & \delta-1\\ 1 & 0\end{bmatrix}$；$R=\begin{bmatrix}\delta\\ 0\end{bmatrix}$

与上边相似，多变量模型也可以表示为状态空间的形式，方程（3.13）、方程（3.14）、方程（3.15）三个方程可以看作是观测方程，状态空间形式可以表示为：

$y_t=[\pi_t,\ i_t,\ y_t^r]'$

$\alpha_t=[\pi_t^T,\ \pi_t^p,\ \pi_{t-1}^p,\ y_t^p,\ y_{t-1}^p,\ y_{t-2}^p,\ r_t^*,\ r_{t-1}^*]'$

$$Z=\begin{bmatrix}0 & (1-\sum_{i=1}^{4}\varphi_i) & 0 & 0 & -\phi_1 & 0 & 0 & 0\\ -\rho_1 & (1-\rho_2) & 0 & 0 & 0 & 0 & (1-\rho_2) & 0\\ 0 & 0 & -\phi_4 & 1 & -\phi_2 & -\phi_3 & 0 & 0\end{bmatrix}$$

$$A = \begin{bmatrix} \varphi_1 & \varphi_2 & \varphi_3 & \varphi_4 & \phi_1 & 0 & 0 \\ \rho_1 & 0 & 0 & 0 & 0 & 0 & \rho_2 \\ 0 & 0 & 0 & 0 & \phi_2 & \phi_3 & \phi_4 \end{bmatrix}$$

$$H = \begin{bmatrix} \sigma_{\nu_1}^2 & 0 & 0 \\ 0 & \sigma_{\nu_2}^2 & 0 \\ 0 & 0 & \sigma_{\nu_3}^2 \end{bmatrix}$$

$$d_t = [\pi_{t-1}, \ \pi_{t-2}, \ \pi_{t-3}, \ \pi_{t-4}, \ y_{t-1}^r, \ y_{t-2}^r, \ i_{t-1}]'$$

$$\varepsilon_t = [\nu_{1t}, \ \nu_{2t}, \ \nu_{3t}]'$$

$$T = \begin{bmatrix} 1 & 0 & 0 & 0 & 0 & 0 & 0 & 0 \\ 0 & 2-\delta & \delta-1 & 0 & 0 & 0 & 0 & 0 \\ 0 & 0 & 0 & 0 & 0 & 0 & 0 & 0 \\ 0 & 0 & 1 & 0 & 0 & 0 & 0 & 0 \\ 0 & 0 & 1 & 0 & 0 & 0 & 0 & 0 \\ 0 & 0 & 0 & 0 & 1 & 0 & 0 & 0 \\ 0 & 0 & 0 & 0 & 0 & 0 & \theta & 0 \\ 0 & 0 & 0 & 0 & 0 & 0 & 1 & 0 \end{bmatrix}$$

$$R = \begin{bmatrix} 0 & 1 & 0 \\ 1 & 0 & 0 \\ 0 & 0 & 0 \\ 0 & 0 & 1 \\ 0 & 0 & 0 \\ 0 & 0 & 0 \\ 0 & 0 & 0 \\ 0 & 0 & 0 \end{bmatrix}$$

$$Q=\begin{bmatrix}\sigma_{\eta_1}^2 & 0 & 0\\ 0 & \sigma_{\eta_2}^2 & 0\\ 0 & 0 & \sigma_{\eta_3}^2\end{bmatrix}$$

$$\eta_t=[\eta_{1t},\ \eta_{2t},\ \eta_{3t}]'$$

3.3 分类通货膨胀持续性测度方法

在经典单位根检验过程中，如果通货膨胀序列表现 I(1) 过程，冲击对于通货膨胀是恒久（permanent）的影响；相反，通货膨胀序列表现 I(0) 过程，冲击的影响是快速消散的。但是当通货膨胀序列表现为 I(0) 过程并包含参数的结构突变时，呈现出与 I(1) 过程相似的特征，这就造成经典检验方法的失效（Perron，2005）。

另外，学者们基于不同的子样本区间的选择，得出通货膨胀序列 I(0) 或者 I(1) 过程两种不同结果。一个种合理的解释是通货膨胀序列可能即不是 I(0) 过程，也不是 I(1) 过程，很可能存在分数单整过程。事实上，许多学者发现通货膨胀序列呈现分数单整过程的证据（Hassler & Wolters，1995；Gadea & Mayoral，2006）。如果通货膨胀序列存在分数单整过程，以往通货膨胀持续性的测度方法就会产生误差（Kumar & Okimoto，2007；Gadea & Mayoral，2006）。Granger 和 Joyeux（1980）最先考虑变量序列分数单整过程，构建分数单整自回归移动平均模型。Kumar 和 Okimoto（2007）首次利用分数单整自回归模型研究美国通货膨胀持续性问题。本书遵从 Kumar 和 Okimoto（2007）的研究思路，对中国分类通货膨胀率分数单整过程进行验证，并基于 Gadea 和 Mayoral（2006）提出 ρ_{40} 的方法对分类通货膨胀的持续性进行测度。下面我们将具体阐述 ARFIMA 的原理。

Granger 和 Joyeux（1980），Hosking（1981）进一步拓展 ARIMA(p，d，q）模型，允许参数 d 可以是一个分数，来记忆冲击对于序列中长期影响过程，这种模型被称为分数单整自回归移动平均（autoregressive fractionally integrated moving average）模型。假定序列 y_t 服从 ARFIMA(p，d，q）过程，可以被表示为：

$$\Phi(L)(1-L)^d y_t = \Theta(L)\varepsilon_t,\ \ \varepsilon_t \sim i.i.d(0,\ \sigma_\varepsilon^2) \tag{3.24}$$

其中，记忆参数 d 可以取任意的实数。$\Phi(L)=1-\phi_1 L-\cdots-\phi_p L^p$ 为 p 阶自回过程滞后算子多项式，$\Phi(L)=1-\theta_1 L-\cdots-\theta_q L^q$ 为 q 阶移动平均过程滞后算子多项式。记忆参数 d 捕捉了序列 y_t 的中长期行为，而 $\Phi(L)$ 和 Φ（L）反映了序列的短期动态。

记忆参数 d 的取值越大，序列 y_t 过程的持续性越强。当 $d=0$ 时，序列 y_t 呈现短记忆过程，其自相关函数以几何级数衰减。当 $0<d<0.5$ 时，序列 y_t 呈现长记忆过程，自相关函数与 $k^{2d-1}(k\rightarrow\infty)$ 成比例，即以幂函数形式衰减（Hosking，1981）。当 $-0.5<d<0$，序列 y_t 是平稳的，并且不具有记忆性。当 $0.5\leqslant d<1$ 时，序列是非平稳的，且具有有限的方差和持续记忆。当 $1\leqslant d$ 时，冲击对于序列 y_t 有持续效应，不能回复到均值水平。

从操作角度来讲，序列的分数差分算子 $(1-L)^d$ 可以表示为二项式展开：

$$(1-L)^d = \sum_{i=0}^{\infty}\pi_i(d)L^i \tag{3.25}$$

$$\pi_i = \Gamma(i-d)/\Gamma(i+1) \tag{3.26}$$

其中，$\Gamma(\bullet)$ 为 Gamma 函数。当 $d=1$ 时，公式（3.25）代表一阶差分过程。对于非单整阶数 d，算子 $(1-L)^d$ 是有限阶数滞后算子多项式，其系数缓慢的衰减。

3.4 通货膨胀持续性动态特征研究方法

3.4.1 通货膨胀持续性动态特征的研究意义

不仅通货膨胀持续性的水平对于经济分析是重要的，而且通货膨胀持续性随经济状况的时时变化同样也是非常重要的。这是因为在整个经济周期阶段，假定恒定的通货膨胀持续性可能会导致错误货币政策决定。因此，准确把握通货膨胀持续性的特征对于货币政策的设计具有重要的意义。

许多经验研究表明，通货膨胀持续性具有结构突变的特征，需要考虑其时变性。许多学者在研究美国通货膨胀持续性过程中，发现20世纪90年代美国的通货膨胀持续性有了非常明显的下降，即通货膨胀持续性出现结构突变（Reilly，2005；Cecchetti & Debelle，2006）。另外，再对欧元区通货膨胀持续性的研究中也发现，加入欧元区后，随着货币政策机制的改变，通货膨胀持续性发生了显著的结构性下降（Gadzinski & Orlandi，2004）。Levin 和 Piger（2004）、O'Reilly 和 Whelan（2005）的研究表明，如果测度通胀持续性时，忽略了结构突变的特征，将使通胀持续性被过高估计。这些结论表明利用时变参数模型研究通货膨胀持续性的重要意义。

Zsolt 和 Balázs（2009）表明造成通货膨胀持续性的改变主要有以下几个原因：第一，潜在冲击形式的改变；第二，潜在冲击持续性的改变；第三，货币政策反应函数的变化；第四，经济响应冲击的方式或者货币政策行为的改变；第五，非线性经济结构的线性近似的偏差。很显然，单变量的自回归很难区分这些因素对于通货膨胀持续性造成的影响。虽然时变系数的自回归模型也无法做到这一点，但是当强调突变的时机和幅度时，能够允许我们更加精确的测度通货膨胀持续性的变化。许多国外的学者应用时变系数模型研究美国和欧洲通货膨胀持续性的变化，并且取得了很好的效果（Dossche & Evaraert，2005；Zsolt & Baláżs，2009）。

相对而言，国内学者对于通货膨胀持续动态特征的研究比较匮乏。大多数学者通常采用滚动回归方法研究通货膨胀持续性的动态变化（张成思和刘志刚，2007；王少平和王津港，2009；苏梽芳，2010）。但是，采用滚动回归过程中，滚动窗口区间的选择对结果准确性影响很大，如果窗口区间选择过短，估计将会不可靠（白雪梅和石大龙，2014）。苏梽芳等（2013）应用马尔可夫区制转换不可观测成分模型研究了中国通货膨胀动态，并对通货膨胀惯性是否发生结构变化进行识别与动因解释。结果表明，中国通货膨胀率存在两次结构变化，这导致通货膨胀惯性大小呈现区制依赖的特征，但总体上呈现出逐渐下降趋势。虽然国内的学者通过各种模型测度通货膨胀持续性，并且对通货膨胀持续性结构突变进行了检验，但却没有对通货膨胀持续性的时变特征进行深入的研究。本书尝试构建时变参数的自回归模型对中国通货膨胀持续性进行测度，目的是检验通货膨胀持续性的时变特征。

3.4.2 时变参数自回归模型的构建

在已有测度通货膨胀持续性的标准文献中，广泛采用单变量自回归模型中滞后变量的系数和来测度通货膨胀持久性（例如，O'Reilly & Whelan，2005；Levin & Piger，2006）。假定通货膨胀遵从稳定 k 阶自回归过程，其 AR(k) 模型可以表示为：

$$\pi_t = \mu + \sum_{i=1}^{k} \phi_i \pi_{t-i} + \nu_t \tag{3.27}$$

其中，π_t 表示第 t 期的通货膨胀水平，μ 表示截距项，$\sum_{i=1}^{k}\phi_i$ 表示自回归系数和，ν_t 表示序列无关的误差项。

Pivetta 和 Reis（2007）、Petrassi 和 Oliveira（2010）认为方程（3.1）可能存在共线性，对上述模型进行了修改（如方程（3.27）所示），可以消除共线性的影响，较准确的进行估计。

$$\pi_t = \mu + \rho\pi_{t-1} + \sum_{i=1}^{k-1}\varphi_i\Delta\pi_{t-i} + \nu_t \tag{3.28}$$

其中，$\rho = \sum_{i=1}^{k}\phi_i$ 代表通货膨胀持续性的参数，$\Delta\pi_{t-i} = \pi_{t-i} - \pi_{t-i-1}$，$\varphi_i$ 代表方程（3.27）中自回归系数的变换，$\varphi_{i=1} = -\phi_k$。模型的滞后阶数 k 根据 AIC 准则和 SIC 准则确定。为了考察通货膨胀持续性的动态变化，本书对方程（3.28）进行修正，构建时变参数的自回归模型。

$$\pi_t = \mu_t + \rho_t\pi_{t-1} + \sum_{i=1}^{k-1}\varphi_i\Delta\pi_{t-i} + \nu_t \tag{3.29}$$

其中，μ_t 表示时变的截距项，ρ_t 表示时变的通货膨胀持续性程度。Darvas 和 Varga（2010）表明对于时变参数模型的估计有两种方法，即卡尔曼滤波方法与灵活最小二乘方法（flexible least squares, FLS）。他通过蒙特卡洛模拟的方法发现，当参数呈现突然变化，两种方法的效果都不好；但当参数呈现平滑变化时，对于特定权重的灵活最小二乘的方法效果要好一些。但是由于灵活最小二乘权重的选取过于主观，本书采用卡尔曼滤波方法对时变参数的自回归模型进行估计。

采用卡尔曼滤波方法对包含不可观测变量进行估计时，需要将模型表述为状态空间的形式，包含两个方程：一个是状态方程；另一个是量测方程。

可以把方程（3.29）看成量测方程，其状态方程可以表示为：

$$\begin{aligned}\mu_t &= \beta_1\mu_{t-1} + \eta_{1t}\\ \rho_t &= \beta_2\rho_{t-1} + \eta_{2t}\end{aligned} \tag{3.30}$$

其中，量测方程中的可变参数 μ_t 和 ρ_t 是不可观测变量，必须利用观测变量 π_t 进行估计。状态方程中可变参数服从 AR(1) 自回归过程。ν_t 和 η_{it} （$i=1，2$）相互独立，并且服从均值为0，方差为 σ_ν^2 和 $\sigma_{\eta_i}^2$ 的正态分布。

然后，量测方程（3.29）和状态方程（3.30）可以表述为如下的状态空间表达形式：

$$y_t=[\pi_t];\ \alpha_t=[\mu_t,\ \rho_t]';\ A=[\varphi_1,\ \varphi_2,\ \cdots,\ \varphi_{k-1}];\ \varepsilon_t=[\nu_t];$$

$$\eta_t=[\eta_{1t},\ \eta_{2t}]';\ d_t=[\Delta\pi_{t-1},\ \Delta\pi_{t-2},\ \cdots,\ \Delta\pi_{t-k+1}]';$$

$$Z=[1,\ \pi_{t-1}];\ T=\begin{bmatrix}\beta_1 & 0\\ 0 & \beta_2\end{bmatrix};\ R=\begin{bmatrix}1 & 0\\ 0 & 1\end{bmatrix}$$

3.5 区域通货膨胀持续性研究方法

随着对通货膨胀持续性研究的深入，区域的通货膨胀持续性开始被一些学者所关注。Natalucci 和 Piger（2004），Levin 和 Piger（2006），Benati（2008）对于主要工业化国家的通货膨胀持续性进行了研究，结果表明货币政策机制的变化会导致通货膨胀持续性的下降。Altissimo 等（2006），Benigno 和 Lopez - Salido（2006）对于欧盟成员国通货膨胀持续性异质性进行分析。Gerlach 和 Tillmann（2010）对亚洲国家的通货膨胀持续性的研究发现，通货膨胀目标制能够有效降低通货膨胀持续性。上述研究中，主要集中于国家层次通货膨胀持续性差异比较。而本书关注的焦点在于同一国家范围内，不同地理区域的通货膨胀持续性的差异分析。由于不同地理区域价格设定机制的不同，必然会导致通货膨胀持续性存在差异。

然而，仅有几篇文献对于同一国家不同区域水平的通货膨胀持续性的差异进行了分析。Zsibók 和 Varga（2009）对于匈牙利不同地理区域的通货膨胀持续性进行分析，发现不同区域通货膨胀持续性具有明显的差异，并且呈现下降的趋势。Vaona 和 Ascari（2010）以 NUTS3 标准划分意大利的区域数据对通货膨胀持续性问题进行了研究，结果表明落后地区的通货膨胀持续性较高，并且这种高持续性与地区零售业竞争程度密切相关的。Tillmann（2013）利用韩国省际以及城市区域数据研究了通货膨胀持续性问题，结果表明，通货膨胀目标制的引入将导致区域持续性水平以及差异性的下降。

目前，国内学者关于区域通货膨胀持续性的研究是比较欠缺的。由于中国地域辽阔，不同区域的经济发展水平、价格设定机制的不同，通货膨胀持续性必然存在差异。因此，本书对中国不同地理区域通货膨胀持续性进行研究将具有重要的现实意义。

对于区域通货膨胀持续性同样采用简化式方法进行测度。通常简化式的测度方法主要包含两类，即参数测度方法和非参数的参数测度方法。首先，本书遵循 O'Reilly 和 Whelan（2005）、Levin 和 Piger（2006）的做法，采用自回归系数和法来测度区域通货膨胀持续性。假定区域通货膨胀率遵循一个稳定 AR(p) 过程，可以表示为：

$$\pi_{i,t} = \alpha_i + \sum_{j=1}^{k_i} \beta_{i,j}\pi_{i,t-j} + \varepsilon_{i,t} \tag{3.31}$$

其中，$\pi_{i,t}$为不同地理区域通货膨胀率。$\rho_i = \sum_{j=1}^{k_i} \beta_{i,j}\pi_{i,t-j}$ 为自回归系数和，测度了不同区域通货膨胀持续性程度。鉴于方程（3.31）可能存在共线性的问题，可以将方程改写为：

$$\pi_{i,t} = \alpha_i + \rho_i\pi_{i,t-1} + \sum_{j=1}^{k_i-1} \phi_{i,j}\pi_{i,t-j} + \varepsilon_{i,t} \tag{3.32}$$

接下来，我们将采用单方程技术对每个区域通货膨胀持续性程度进行估计。鉴于 OLS 方法对 ρ_i 的估计通常是统计有偏的，本章将采用 Bootstrap 中值无偏估计的方法进行估计。另外，为了保证估计结果的稳健性，我们还利用 Marquez（2004）提出的以个非参数的测度方法（均值回归频率法）对区域通货膨胀持续性进行估计。

3.6 通货膨胀持续性结构突变检验方法

Chow（1960）最早关注了计量模型的结构突变问题。Perron（1989）开创了外生性结构突变单位根检验模型。该模型必须事先确定发生结构突变的时点，这是该种方法的一个重要缺陷。近年来内生结构突变的检验方法得到了很大的发展，其中 Quandt - Andrews 的未知突变点检验得到了广泛的应用。本书将采用此种方法对中国通货膨胀持续性进行结构突变检验。Quandt - Andrews 未知突变点检验方法可以对给定方程在样本区间内一个或多个未知的突变点进行检验（Andrews，1993）。该方法检验的原理是对两个观测点 τ_1 与 τ_2 之间的每一个观察值都进行 k 次 Chow 突变检验，最后将这 k 次 Chow 检验的统计量汇总成一个用来检验原假设在 τ_1 与 τ_2 之间不存在结构突变点的检验的统计量。

在每一次 Chow 突变点检验过程中都能够获取两个统计量，即似然比 F 统计量（Likelihood Ratio F - statistic）与沃德 F 统计量（Wald F - statistic）。一般在线性回归模型中，这两个统计量值是相同的。最后，k 次 Chow 突变点检验的统计量可以被整合成三个不同的统计量：最大值统计量，指数值统计量与平均值统计量。

最后将这些统计量整合起来计算最大值、指数值和平均值作为最终检验的统计量。这些检验的统计量可以表示为：

最大值统计量 $$\text{Max F} = \max(F(\tau)),\ \tau_1 < \tau < \tau_2 \tag{3.33}$$

指数值统计量 $$\text{Exp F} = \ln\left(\frac{1}{k}\sum_{\tau=\tau_1}^{\tau_2}\exp(F(\tau))\right) \tag{3.34}$$

平均值统计量 $$\text{Ave F} = \frac{1}{k}\sum_{\tau=\tau_1}^{\tau_2}F(\tau) \tag{3.35}$$

需要特别关注的是，以上三个统计量并不渐进于一般的 F 分布，使得实际应用受到一定限制。Andrews（1993）给出了统计量的真实分布，随后 Hansen（1997）则提供了近似渐近 p 值（也叫 Hansen 值）。另外，由于以上统计量的分布是在接近样本起始点和样本结束点之间产生的。为了解决上述不足，通常建议在检验的过程中样本数据两侧的观测值作15%的剔除。实际操作中，通常剔除样本观测值前后各7.5%的样本，当然，也可以采用其他的方法。在实践过程中，最大似然比F统计量与沃德F统计量比较常用。后面我们将利用这两个统计量将对通货膨胀持续性进行结构突变检验。

3.7 本章小结

本章主要对本书采用的通货膨胀持续性研究方法进行总结。主要包括恒定均值和时变均值下通货膨胀持续性的简化测度方法、通货膨胀持续性的结构测度方法、通货膨胀持续性动态研究方法、区域通货通货膨胀持续性研究方法以及结构突变检验方法。

第4章 中国通货膨胀持续性测度分析

通货膨胀持续性是模型化通货膨胀动态的关键要素，准确测度通货膨胀持续性的程度，将对中央银行货币政策设计产生重要的影响。本章主要目的是从多个角度对中国通货膨胀持续性进行测度。首先在通货膨胀均值恒定和时变两种假定条件，采用自回归系数和法、半衰期法和均值回归频率法三种简化方法对中国总体通货膨胀持续性进行测度，然后利用结构测度方法分析中国通货膨胀持续性产生的根源，最后对中国分类通胀持续性进行测度，并对其差异进行了解释。

4.1 通货膨胀持续性的简化测度

许多经验研究表明，主要工业化国家战后呈现较高的通货膨胀持续性。但是这些研究成果对于采取测度方法是非常敏感的，并且得到的结果可能是由于没有考虑结构变化、中央银行通货膨胀目标的变化、不同的汇率机制以及价格冲击等等。为了保证本书测度结果的稳健性，本节采用多种简化方法来测度中国通货膨胀持续性，并进行对比分析。

4.1.1 变量的定义及单位根检验

通货膨胀率可以采用不同的价格指数进行衡量，如居民消费物价指数、零售商品价格指数以及 GDP 平减指数[①]。由于官方没有公布 GDP 平减指数的数据，另外环比 CPI 数据 2001 年之后才开始发布，因此本书选取月度同比 CPI 指数来衡量通货膨胀率，计算公式为 (CPI - 100) × 100。本章选择所使用数据为月度数据，样本覆盖 1992 年 1 月份至 2014 年 12 月份，共 276 个观测值。同比 CPI 数据来源于中国国家统计局网站。

当存在单位根时，通货膨胀序列存在无穷的记忆，通货膨胀将一直持续下去（Fuhrer，2009）。因此，测度通货膨胀持续性之前，有必要对其是否存在单位根进行检验。为保证检验精度，本书采用 ADF 与 PP 两种检验方法，并考察 1992 年 1 月份至 1996 年 12 月份和 1997 年 1 月份至 2014 年 12 月份两个子样本，检验结果如表 4 - 1 所示。通过表 4 - 1 可以发现，在整个样本区间范围内，两种检验方法都不能拒绝存在单位根的假设。第一个子样本区间也不能拒绝存在单位根的假设，然而第二个子样本区间两种方法都能在 1% 的显著性水平下拒绝存在单位根的假设。这表明，整体上中国 CPI 通货膨胀持续性水平较高，相对而言第一个子样本区间的通货膨胀持续性程度要高于第二个子样本区间。

表 4 - 1　　通货膨胀序列单位根检验

检验方法		检验值	检验类型 (c, t, k)	检验类型 (c, t, b)	结论
检验时期：1992 年 1 月份至 2014 年 12 月	ADF 检验	-1.8247*	(0, 0, 12)		非平稳
	PP 检验	-1.5843		(0, 0, 11)	非平稳
检验时期：1992 年 1 月份至 1996 年 12 月	ADF 检验	-0.4394	(0, 0, 4)		非平稳
	PP 检验	-0.4132		(0, 0, 4)	非平稳

① 通常国外学者采用 GDP 平减指数衡量通货膨胀率。

续表

检验方法		检验值	检验类型（c，t，k）	检验类型（c，t，b）	结论
检验时期：1997 年 1 月份至 2014 年 12 月	ADF 检验	-2.1517***	（0，0，12）		平稳
	PP 检验	-2.7040***		（0，0，8）	平稳

注：*、**、*** 表示在 10%、5%、1% 显著性水平上拒绝存在单位根的原假设；c、t、k 和 b 分别指常数项、趋势项、滞后阶数和带宽。

接下来，我们利用通货膨胀序列的自相关函数观察其持续性的特征。如果通货膨胀序列的自相关系数缓慢的衰减，那么该序列将是持续的。为了反映通货膨胀持续性的变化，我们选择了两个样本期（1992 年 1 月 ~1996 年 12 月与 1997 年 1 月 ~2014 年 12 月）进行了对比分析。图 4-1 展示了两个子样本通货膨胀序列自相关函数。图 4-1结果表明两个序列的自相关函数都呈现了缓慢衰减的趋势，第一个样本期内通货膨胀序列的自相关系数衰减速度要快于第二个样本期。这说明两个样本期间内通货膨胀都呈现很高的持续性水平，并且 1996 年之后通货膨胀持续性水平有所下降，这与中国货币政策调整是有密切关系的。

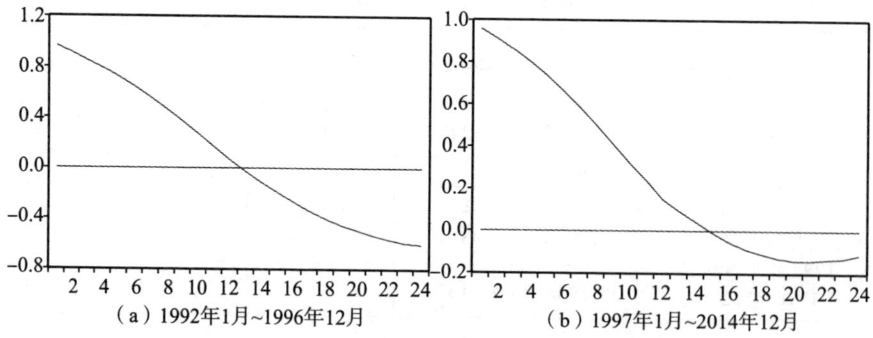

图 4-1　不同样本期通货膨胀率的自相关函数

4.1.2 通货膨胀持续性测度结果

虽然上边我们通过单位根检验以及自相关函数能够在一定程度表明通货膨胀持续性的存在，然而实践过程中学者们更关心通货膨胀持续性的量化的测度指标。下边我们将运用第 3 章所选择简化方法对于中国总体通货膨胀持续性程度进行测度。

4.1.2.1 自回归系数和 ρ 以及半衰期 HL 的测度结果

为了得到通货膨胀持续性程度测度指标自回归系数和 ρ 的值，我们需要对方程（3.2），即

$$\pi_t = \alpha + \sum_{j=1}^{k-1} \delta_j \Delta\pi_{t-j} + \rho\pi_{t-1} + \varepsilon_t$$

进行估计。方程中差分项滞后阶数依据 AIC 准则进行选取，最终选择滞后阶数为 2。为了比较通货膨胀持续性的变化，我们选择两个子样本进行对比分析。通过对方程（3.2）进行 OLS 估计，结果如表 4－2 所示。

表 4－2　　自回归系数和 ρ 的估计结果

参数	ρ	δ_1	δ_2	R^2	DW
1992 年 1 月～2014 年 2 月	0.9882***	0.2706***	0.2077***	0.9875	1.9876
1992 年 1 月～1996 年 12 月	0.9709***	0.4976***	0.1602	0.9815	1.9007
1997 年 1 月～2014 年 12 月	0.9472***	0.1055	0.1761***	0.9349	2.0229

注：*、**、*** 表示在 10%、5%、1% 显著性水平通过系数的 t 检验。

表4－2显示的结果表明，利用月度CPI数据测度通货膨胀持续性呈现较高的水平。整个样本区间内通货膨胀持续性测度指标ρ达到0.9882，两个子样本区间的ρ值分别为0.9709和0.9472，虽然第二个子样本区间通货膨胀持续性程度有所下降，但仍处于一个较高的水平。自回归系数和ρ提供的通货膨胀序列的冲击的累积影响的相对大小的信息，但它不能获得的冲击吸收的时限的信息。接下来我们将利用半衰期来获取这种信息。

半衰期反映了通货膨胀的冲击保持在0.5以上单位冲击的时期。根据公式 $HL = \ln(1/2)/\ln(\rho)$，并基于方程（3.2）可以得到不同时期半衰期的估计结果（如表4－3所示）。

表4－3　　半衰期HL的测度结果

参数	1992年1月～2014年12月	1992年1月～1996年12月	1997年1月～2014年12月
HL	58.4	23.5	12.8

表4－3显示的结果表明，不同样本区间半衰期存在很大的差异。对于整个样本区间，冲击对通货膨胀的影响在58个月后低于0.5，而两个子样本区间冲击影响减半的时间分别为24个月和13个月。这表明中国通货膨胀存在很强的持续性，并且在不同的时段存在很大的差异。

4.1.2.2　时变均值下自回归系数和ρ及不穿越均值频率γ的估计结果

在时变均值下，我们将选择自回归系数和ρ及不穿越均值频率γ作为通货膨胀持续性的测度指标。自回归系数和ρ将通过方程（3.6），即

$$(\pi_t - \mu_t) = \sum_{j=1}^{k-1} \delta_j \Delta(\pi_{t-j} - \mu_{t-j}) + \rho(\pi_{t-1} - \mu_{t-1}) + \varepsilon_t$$

进行估计，而不穿越均值频率使用公式 $\gamma = 1 - n/T$ 进行估计。同时，我们将对恒定均值和时变均值情况下通货膨胀持续性程度进行比较。

首先，通过观察 CPI 通货膨胀率的时序图（如图 4-2 所示），中国通货膨胀呈现很大的波动，假定恒定均值明显是不符合实际的。另外，我们可以直观地发现中国通货膨胀大体上呈现七个明显变化周期。第一个周期为 1992 年 1 月～1994 年 10 月，通货膨胀呈现一个明显上升趋势。第二个周期为 1994 年 11 月～1998 年 9 月，通货膨胀呈现一个下降的趋势。第三个周期为 1998 年 10 月～2008 年 2 月，通货膨胀呈现缓慢的上升趋势。第四个周期为 2008 年 3 月～2009 年 6 月，通货膨胀呈现下降的趋势。第五个周期为 2009 年 7 月～2011 年 7 月，通货膨胀呈现上升趋势。第六个周期为 2011 年 8 月～2012 年 9 月，通货膨胀呈现下降的趋势。第七个周期为 2012 年 10 月～2014 年，通货膨胀没有呈现明显上升和下降的趋势。与 Marques（2004）的方法一致，我们选择各个周期内的趋势值作为通货膨胀均值的替代变量。

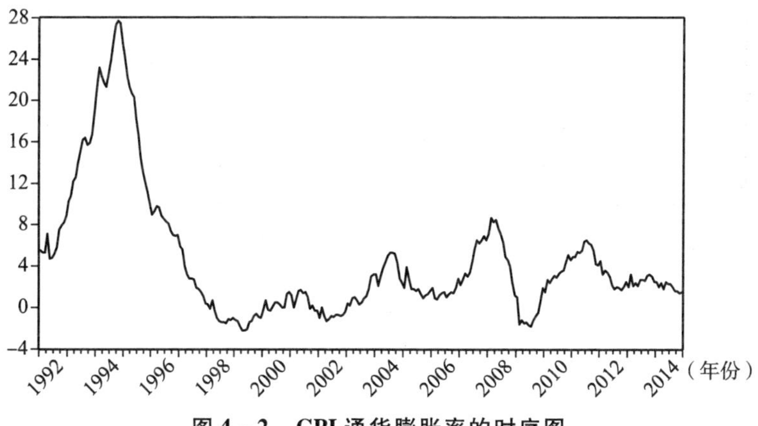

图 4-2　CPI 通货膨胀率的时序图

接下来，我们将利用统计模型和 HP 滤波方法来提取通货膨胀的均值。此处的统计模型为简单的线性趋势模型，通过该模型得到通货膨胀率的拟合值作为通货膨胀均值。另外，利用 HP 滤波的方法得到通货膨胀率的趋势值作为通货膨胀均值。

图 4－3 展示了每一个子样本的通货膨胀均值，前六个子样本呈现明显的线性时间趋势，而最后一个子样本通货膨胀率比较稳定，我们使用常数作为均值的替代变量。图 4－4 展示通货膨胀率与其时变均值之间的离差。另外一种合理的替代是使用 HP 滤波的方法，HP 滤波是估计通货膨胀比较简单的工具，能够确保通货膨胀偏离其均值是稳定。在这种情况下，时变的通货膨胀均值以及通货膨胀与其均值的偏差展示在图 4－5 和图 4－6 中。

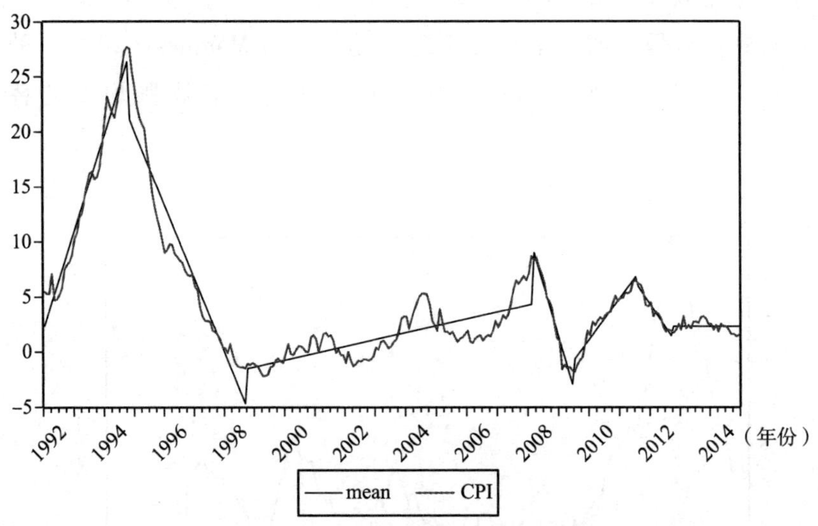

图 4－3　通货膨胀与时变通货膨胀均值

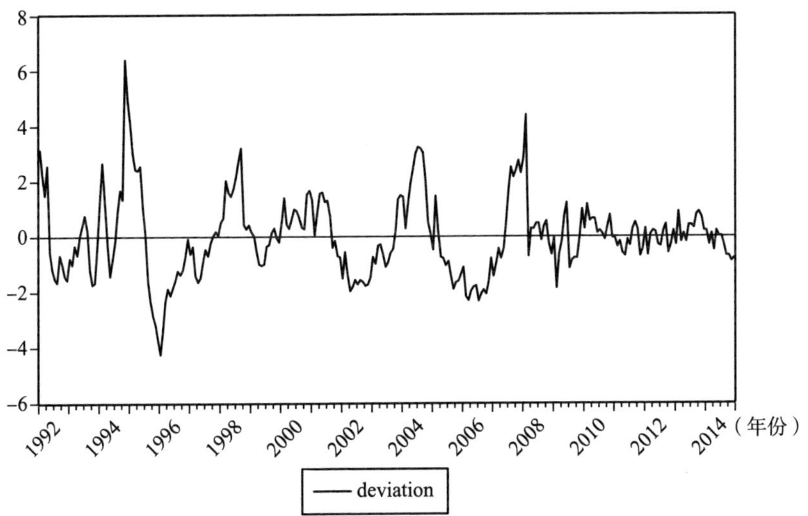

图 4－4 通货膨胀与其均值的离差

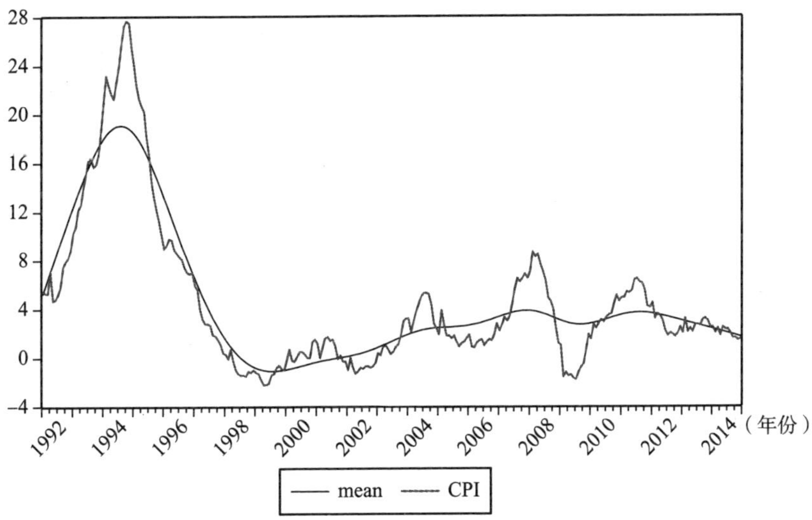

图 4－5 通货膨胀与时变通货膨胀均值（HP 滤波）

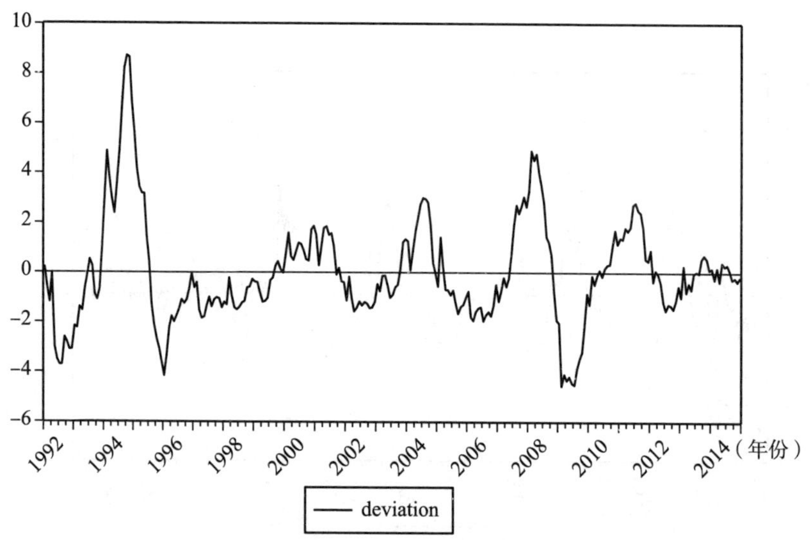

图 4－6　通货膨胀与其均值的离差（HP 滤波）

最后，我们使用自回归系数和 ρ 及不穿越均值频率 γ 对时变均值下中国通货膨胀持续性进行测度。在这里分别考察恒定通货膨胀均值、线性趋势的时变均值以及 HP 滤波时变均值情况下通货膨胀持续性的估计结果。下面将展示各种情况下自回归系数和 ρ 及不穿越均值频率 γ 的估计结果（见表 4－4）。

表 4－4　时变均值下 ρ 和 γ 的估计结果

（样本期为：1992 年 1 月～2014 年 12 月）

估计项	均值类型		
	恒定均值	线性时间趋势	HP 滤波
ρ 估计结果	0.9882	0.8293	0.9228
γ 估计结果	0.9745	0.8218	0.8945

注：线性时间趋势和 HP 滤波分别是指利用线性趋势模型和 HP 滤波方法估计得到的时变通货膨胀均值。

表 4－4 显示的结果表明，时变均值下的自回归系数和 ρ 和不穿越均值频率 γ 的估计结果明显低于恒定均值下的估计结果。这表明中国通货膨胀呈现明显的时变特征，如果不考虑通货膨胀的这种特性，就会高估通货膨胀持续性。另外，可以看到两种时变均值估计方法的通货膨胀持续性也存在显著的差异，线性趋势模型估计得到的时变均值测度的通货膨胀持续性要高于 HP 滤波方法的得到结果。

4.1.3 通货膨胀持续性结构突变检验

近些年来中国经济结构以及货币政策发生了很大的变化，从而可能会引起模型参数的变化。另外最近文献中表明通货膨胀持续性在考虑的样本区间内可能存在显著的结构突变（张成思，2008）。下面我们将应用 Quandt－Andrews 的方法对中国通货膨胀持续性可能的结构突变进行检验。在具体检验中，我们主要采用最大似然比 F 统计量与沃德 F 统计量，并结合 Hansen 的渐进 P 值进行判定。下面我们将利用这两个统计量将对恒定均值和时变均值情况的通货膨胀持续性进行结构突变检验。

4.1.3.1 恒定均值下通货膨胀持续性结构突变检验

当假定通货膨胀均值恒定时，方程（3.2）将被用于通货膨胀持续性的结构突变检验的模型。图 4－7 直观地呈现了 CPI 通胀率在方程（3.2）中总体系数未知断点结构变化检验对应的似然比 F 统计量与沃德 F 统计量序列。图 4－7 中展示的结果可以发现，最大的似然比 F 统计量与沃德 F 统计量的值都出现在 1994 年。为了进一步精确判断通货膨胀的自回归模型中各个系数结构变化检验对应的统计量是否具有统计显著性，直接利用 Hansen（1997）给出的各统计量对应的渐进 P 值。表 4－5 展示了对全部系数以及个别系数进行结构突变检验并计算得到统计量值以及对应的渐进 P 值。

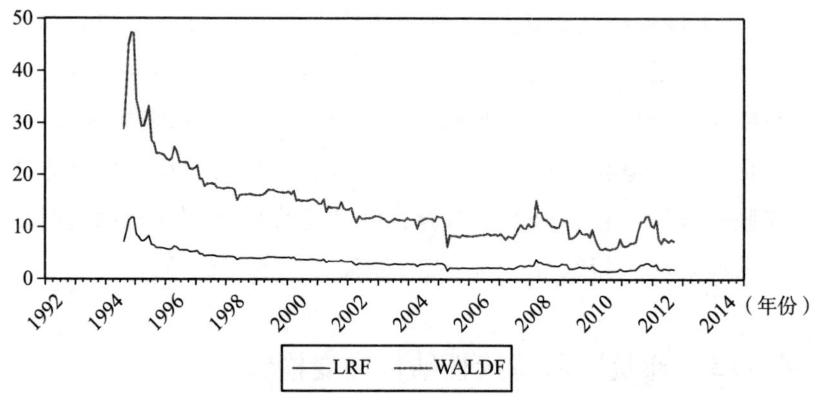

图 4－7 似然比 F 统计量与沃德 F 统计量的值（恒定均值）

表 4－5 恒定均值下通货膨胀持续性的结构突变检验

检验系数	最大似然比 F 统计量	最大沃德 F 统计量	突变点
总体系数	11.8204（0.0000）	47.2815（0.0000）	1994 年 11 月
α	36.6969（0.0000）	36.6969（0.0000）	1994 年 12 月
ρ	41.5645（0.0000）	41.5645（0.0000）	1994 年 11 月
δ_j	7.1136（0.0000）	14.2273（0.0000）	1998 年 1 月

注：括号内的值为各统计量对应的 P 值。

根据表 4－5 中展示了结构突变检验的计算结果，我们可以发现：首先，CPI 通胀率自回归模型的总体系数似然比 F 统计量与沃德 F 统计量显著性检验对应的 P 值小于 0.01，表明对应的自回归过程的结构性变化具有统计显著性。另外从 CPI 通胀率的自回归模型不稳定的来源看，常数项、通货膨胀持续性系数以及滞后项的系数都出现显著变化。通过观察表 4－4 中所展示的结构变化断点的时间，我们能够发现，对于 CPI 通胀率自回归模型中总体系数发生结构变化的时间估计点与通货膨胀持续性系数的变化断点接近，都出现在 1994 年末。因此本书确定中国通货膨胀持续性结构突变的时间点为 1994 年 11 月。

为了进一步比较自回归模型发生显著性结构变化前后的样本区间

内通货膨胀持续性系数大小，以突变时点作为临界点对整个样本区间区隔。第一个子样本区间为 1992 年 1 月 ~1994 年 11 月，第二个子样本区间为 1994 年 12 月 ~2014 年 12 月。下边我们将考察在不同样本区间内，通货膨胀持续性是否发生了显著的变化，具体检验结果如表 4 –6 所示。

表 4 –6　　恒定均值下各子区间 ρ 和 HL 的估计结果

指标	1992 年 1 月 ~1994 年 11 月	1994 年 12 月 ~2014 年 12 月
自回归系数和 ρ	1. 0012	0. 9467
半衰期 HL	无穷大	12. 6495
样本均值	14. 7257	3. 1278

表 4 –6 显示了通货膨胀持续性以及均值在两个子样本区间的计算。通过这些结果可以发现，通货膨胀均值从 14. 7257 下降到 3. 1278，这说明 1994 年之后通货膨胀均值发生了明显变化。另外在第一个样本区间通货膨胀持续性程度趋近于 1，而在第二个区间下降为 0. 9467，说明 1994 年后中国通货膨胀持续性程度有了一定程度下降。但我们也注意到，通货膨胀持续性程度下降不是很大，这表明即使在低通货膨胀时期中国通货膨胀持续性程度仍然很高。

4. 1. 3. 2　时变均值下通货膨胀持续性结构突变检验

在这个部分，我们将检测时变均值的情况通货膨胀持续性是否发生了结构突变。同样应用 Guandt – Andrews 的方法对方程（3. 3）进行检验，首先绘制了似然比 F 统计量与沃德 F 统计量序列图，如图 4 –8 所示。通过图 4 –8 可以发现，最大的似然比 F 统计量与沃德 F 统计量的值出现在 2008 年。接下来对于两个统计量的显著性进行检验，检验结果如表 4 –7 所示。

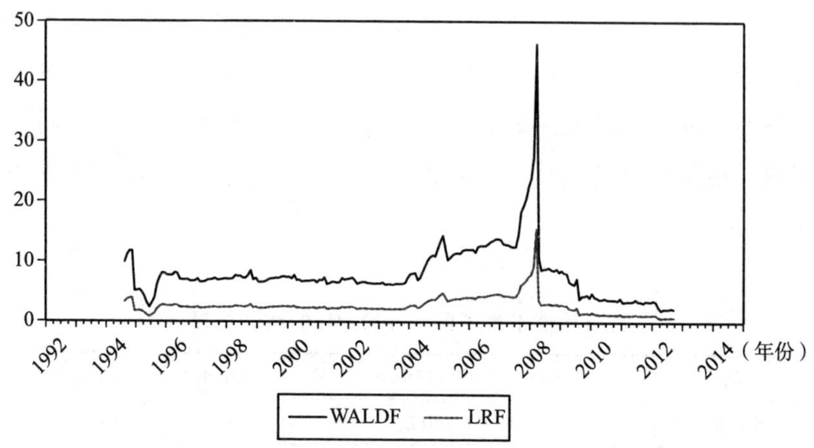

图 4－8　似然比 F 统计量与沃德 F 统计量的值（时变均值）

表 4－7　　时变均值下通货膨胀持续性的结构突变检验

检验系数	最大似然比 F 统计量	最大沃德 F 统计量	突变点
总体系数	15.4616（0.0000）	46.3848（0.0000）	2008 年 3 月
ρ	45.6056（0.0000）	45.6056（0.0000）	2008 年 3 月
δ_j	9.0362（0.0000）	18.0723（0.0000）	2008 年 3 月

注：括号内的值为各统计量对应的 P 值。

表 4－7 中归纳了时变均值下结构突变检验的计算结果。首先，时变均值自回归模型的各类系数似然比 F 统计量与沃德 F 统计量显著性检验对应的 P 值小于 0.01，表明对应的自回归过程的结构性变化在 1% 的显著性水平下显著。另外我们还发现，对于时变均值自回归模型中总体系数发生结构变化的时点、通货膨胀持续性系数的变化断点以及滞后项变化断点非常接近，都出现在 2008 年 3 月份。所以在时变均值情况下，通货膨胀持续性的结构突变为 2008 年 3 月份。为了考察不同样本区间通货膨胀持续性的变化，下边我们分别对各子区间的通货膨胀程度进行测度，测度的结果如表 4－8 所示。

表 4 -8 时变均值下各子区间 ρ 和 γ 的估计结果

测度指标	均值类型	1992 年 1 月 ~2008 年 3 月	2008 年 4 月 ~2014 年 12 月
自回归系数和 ρ	线性趋势模型	0.8392	0.4450
	HP 滤波	0.9045	0.9013
不穿越均值频率 γ	线性趋势模型	0.9005	0.6375
	HP 滤波	0.9215	0.7875

表 4 -8 展示了时变均值各子区间自回归系数和 ρ 与不穿越均值频率 γ 的估计结果。对于自回归系数和 ρ，在线性趋势模型估计的时变均值情况下，从 0.8392 下降到 0.4450；而在 HP 滤波估计的时变均值情况，没有发生太大的变化。对不穿越均值频率 γ，在线性趋势模型估计的时变均值情况下，从 0.9005 下降到 0.6375；在 HP 滤波估计的时变均值情况，从 0.9215 下降到 0.7875。综上所述，中国通货膨胀持续性发生了明显的结构变化，尤其近些年来通货膨胀持续性大幅度的降低。这些结果表明中国货币政策已经发生了根本的转变，货币政策对于通货膨胀的滞后效应明显的降低。

4.1.4 研究结论

本节通过观察 1992 年 1 月 ~2014 年 12 月 CPI 通货膨胀率的数据，发现中国通货膨胀均值呈现明显的变化。如果测度通货膨胀持续性时不考虑通货膨胀均值的变化，就会导致通货膨胀持续测度结果的错误。因此，本节假定中国通货膨胀均值是时变的，并在此基础测度通货膨胀持续性。研究的结果表明，总体上来讲时变均值下通货膨胀持续性要明显低于恒定均值下的通货膨胀持续性。另外，考虑到中国通货膨胀持续性可能存在结构突变，我们利用 Quandt - Andrews 的方法分别对恒定均值和时变均值下通货膨胀持续进行了结构突变检验。在恒定均值情况下，突变的时点发生在 1994 年 11 月；而在时变均值的情况，突变的时点发生在2008年3月。最后我们对各个子区间的通货膨胀持续性进行分别测度，结果表明近些年来中国的通货膨胀持续性发生了明显的下降。

4.2 通货膨胀持续性的结构测度

上一节中我们利用几种常用简化测度方法对中国通货膨胀持续性进行了测度，方法是在单变量自回归过程模型基础上，对通货膨胀序列统计特性进行测度。通货膨胀持续性的简化测度模型中将一定时期内影响通货膨胀的所有冲击的综合白噪声过程，并没有特定的经济含义，难以理清通货膨胀持续性产生的根源。然而通货膨胀持续性的结构测度则借助于通货膨胀与其决定因素的计量经济模型。结构测度模型中的冲击是结构式的，具有与其决定因素对应的经济含义，因而可以对通货膨胀持续性产生的根源进行分析。简化式测度是结构式测度的前提和基础，而结构式测度是简化式测度的深化。本部分将利用第3章所阐述的结构式方法对中国通货膨胀持续性进行测度。

4.2.1 变量选择及数据的来源

根据第3章所构建结构时间序列模型的描述，涉及的主要变量有名义利率、通货膨胀率、实际产出。对于名义利率，我们选择7天中国银行间同业拆借利率作为替代变量。同业拆借利率序列1996年以后存在连续的月度观测值，对季度内同业拆借利率进行简单平均得到季度名义利率。对于通货膨胀率，采用居民消费者价格指数（CPI）进行衡量。首先，利用同比CPI价格指数以及2001年之后的月度环比 CPI 价格指数可计算 1996～2013 年的定基 CPI 价格指数[①]。然后通过该定基 CPI 价格指数进行对数差分求得季度通胀率[②]。对于实际产出，利用实际 GDP 进行衡量，为了消除物价因素的影响，对名义 GDP 的季度数据利用 GDP 平减指数转化为实际 GDP[③]。本节所使用的数据覆盖 1996 年一季度至 2013 年四季度，共 72 个观测值，数据来源于 Wind 资讯。

4.2.2 通货膨胀持续性模型的参数估计结果

下面我们将利用第 3 章所构建多变量结构时间序列模型对中国通货膨胀持续性程度进行估计。方程（3.9）与方程（3.13）中 AR 模型的滞后阶数选取与（Dossche & Everaert，2005）一致方法，取 4 阶。对于单变量和多变量的模型，我们展现了两种估计结果。

首先估计单变量模型，根据前面文章的描述，单变量模型把通货膨胀持续性分解成两个部分。第一部分为内在通货膨胀持续性，用 $\sum_{i=1}^{4}\phi_i$ 表示；第二部分为基于预期的通货膨胀持续性，用 $1-\delta$ 表示。利用卡尔曼滤波方法估计结果如表 4-9 所示。

表 4-9　单变量模型参数估计结果

参数	参数值	标准差	P 值
φ_1	0.420198	0.024722	0.0000
φ_2	0.189040	0.010072	0.0000

① 此处采用赵留彦（2006）的计算方法。

② 季度通胀率的计算公式为 $\pi_t = 100 \times (\ln P_t - \ln P_{t-1})$，$P_t$ 表示每一个季度最后一个月的月度定基消费价格指数。

③ 实际产出的计算公式为 $y_t^r = 100 \times \ln(GDP_t)$，这里的 GDP 是经过季节调整的实际 GDP。

续表

参数	参数值	标准差	P值
φ_3	0.078567	0.003146	0.0000
φ_4	0.050183	0.001486	0.0000
δ	0.212544	0.024994	0.0000
$\sigma_{\nu_1}^2$	0.000503	0.015027	0.0000
$\sigma_{\eta_2}^2$	0.091396	0.311299	0.0000

根据表4-9所展现的单变模型的估计结果，内在通货膨胀持续性为0.74，这表明中国企业设定价格更多依赖于过去的价格信息，即呈现明显的后顾性的特征。但是我们也注意到这种估计结果比以往文献估计的结果略小①，这可能是由于以往的文献没有考虑到其他的通货膨胀持续性的根源。基于预期的通货膨胀持续性 $1-\delta$ 为0.79，比内在通货膨胀持续性程度略高，这表明中国经济行为主体不能很好地感知中央银行通货膨胀目标的变化，预期的缓慢调整导致了通货膨胀持续的时间较长。原因在于，经济行为主体与中央银行之间的信息不对称，经济行为主体无法收集有关通货膨胀各种完全的信息，从而导致经济行为主体的预期出现偏差，因而需要不断地学习和修正这种误差，这个过程可能要持续很长的时间，从而导致通货膨胀的持续性。图4-9显示了单变量模型滤波估计的状态变量感知通货膨胀和实际通货膨胀率之间的关系，通过图形可以发现，感知通货膨胀目标与实际通货膨胀率之间差异很大，同样说明经济行为主体通货膨胀预期存在很大的偏差，不能很好把握中央银行通货膨胀目标的变化。

① 张成思（2008）估计结果为0.81，王少平和王津港（2009）估计结果为0.775～0.832。

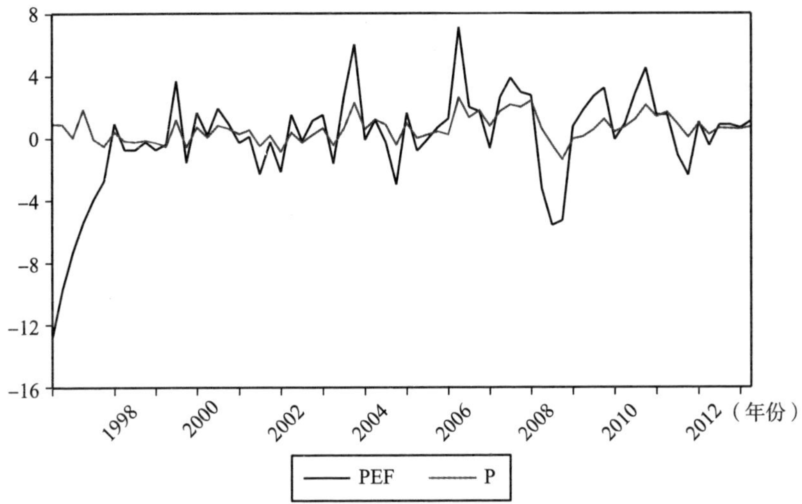

图 4-9　感知通货膨胀目标与实际通胀率（单变量模型）

注：PEF 代表感知通货膨胀目标，P 代表实际 CPI 通货膨胀率。

表 4-10 中展示了多变量模型参数估计的结果，内在通货膨胀持续性（$\sum_{i=1}^{4}\varphi_i$）为 0.66，基于预期的通货膨胀持续性（$1-\delta$）为 0.86，与单变量模型得到的结果是相似。外在的通货膨胀持续性（$\phi_2+\phi_3$）为 0.38，产出持续性也是影响通货膨胀持续性的一个重要的根源。1996 年一季度至 2013 年四季度之间，中国 GDP 季度平均同比增长率 9.6%，中国经济保持了持续快速增长，这也验证了产出的持续性增长会导致通货膨胀持续性。图 4-10 中展示了滤波估计的感知通货膨胀目标、实际通货膨胀与实际通胀率之间的关系，通过图形可以发现感知通货膨胀目标与实际通货膨胀目标之间具有较大的差异，说明经济主体很难预期央行通货膨胀目标的变化。主要原因在于中国央行货币政策透明低，缺乏与公众的沟通，导致经济行为主体学习通货膨胀目标比较困难，进而造成通货膨胀预期缓慢的调整。

表 4－10　　多变量模型参数估计结果

参数	参数值	标准差	P 值
φ_1	0. 316895	0. 036591	0. 0000
φ_2	0. 164131	0. 022287	0. 0000
φ_3	0. 108195	0. 015292	0. 0000
φ_4	0. 075420	0. 010289	0. 0000
ϕ_1	0. 463124	0. 121644	0. 0001
ϕ_2	0. 596188	0. 074361	0. 0000
ϕ_3	－0. 214895	0. 048731	0. 0000
ϕ_4	－0. 028529	0. 018916	0. 0000
ρ_1	0. 276054	0. 016813	0. 0000
ρ_2	0. 699288	0. 019078	0. 0000
δ	0. 136404	0. 015681	0. 0000
λ	2. 633065	0. 307011	0. 0000
θ	0. 968703	0. 005594	0. 0000
$\sigma^2_{\nu_1}$	0. 000417	－3. 14E－05	0. 0000
$\sigma^2_{\nu_2}$	0. 015644	0. 042827	0. 0000
$\sigma^2_{\nu_3}$	0. 035681	0. 566164	0. 0000
$\sigma^2_{\eta_1}$	0. 032170	0. 007784	0. 0000
$\sigma^2_{\eta_2}$	0. 109330	0. 214267	0. 0000
$\sigma^2_{\eta_3}$	3. 282584	0. 057201	0. 0000
$\sigma^2_{\eta_4}$	0. 003993	1. 666245	0. 0000

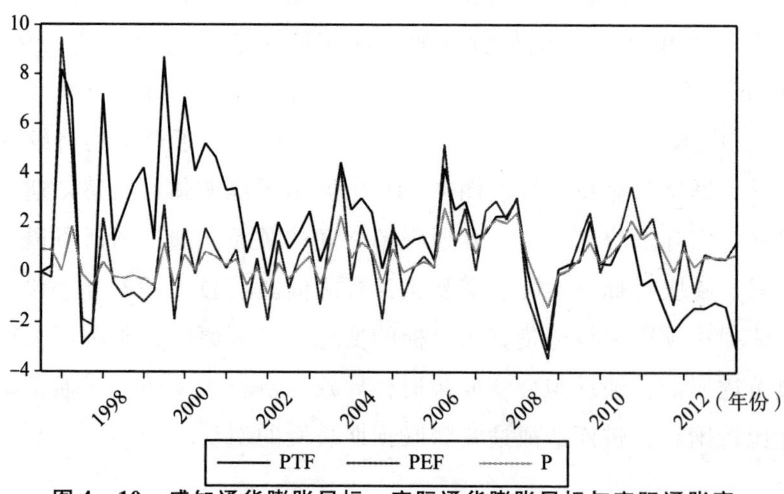

图 4－10　感知通货膨胀目标、实际通货膨胀目标与实际通胀率

注：PEF 和 P 与图 4－9 一致，PTF 代表实际通货膨胀目标。

4.2.3 研究结论

本节的研究目的在于理清影响通货膨胀持续性的根源，并且对不同根源引起的通货膨胀持续性进行测度。以往的文献往往通过自回归模型的系数来测定通货膨胀持续性，但是这种方法在解释通货膨胀产生过程是比较困难的。不同于以往的内在通货膨胀持续性的测定，这里考虑宏观经济冲击（如产出偏差）所引起外在通货膨胀持续性。同时假定通货膨胀目标的变换也可以导致通货膨胀持续性的变化，私人经济主体对通货膨胀目标的感知不同于中央银行实际测定的通货膨胀目标，也将引起通货膨胀的持续性。

本节通过构建多变量结构时间序列模型，利用卡尔曼滤波的方法对中国通货膨胀持续性进行测度。研究结果表明，除了以往内在通货膨胀持续性之外，基于预期的通货膨胀持续性和外在通货膨胀持续性也是导致中国通胀持续性的重要根源。

4.3 分类通货膨胀持续性的测度

在前两节中，我们分别利用简化方法和结构方法对中国总体的通货膨胀持续性进行了测度。随着对通货膨胀持续性研究的深入，从微观层次研究通货膨胀持续性开始受到越来越多的学者关注。微观层次通货膨胀持续性的研究，能够对总体通货膨胀持续性研究中所得结论的稳健性进行验证。另外，通过对比分析不同分解层次的通胀持续性，有助于深入研究厂商定价行为，从而为通货膨胀动态机制的宏观模型提供更加坚实的微观基础。国外学者对于分类通货膨胀持续性进行了较为深入研究，研究结果表明：第一，总体通货膨胀持续性往往低于分类通货膨胀持续性；第二，在分解层面上，分类通货膨胀率受到共同冲击和特有冲击的共同影响，共同冲击通常是持续的，而特有冲击是短暂；第三，总体通货膨胀持续性是分类通胀持续性的加权综合，其中高持续性部门分类通胀率的权重要大一些，因而总体通胀率的持续性要比分类通胀持续性均值大一些（Clark，2006；Boivin，Giannoni & Mihov，2009；Altissimo，Ehrmann & Smets，2006）。近些年来，国内学者对于部门分类通货膨胀持续性的问题也进行一些探索。孔丹凤和张成祥（2012）借鉴 Clark（2006）的研究框架，运用中国 CPI 八大类价格指数数据对部门分类通胀持续性进行研究，结果表明，总体和分类通货膨胀持续性都处于一个较高的水平，2000 年之后有所下降。基于动态因子模型分析发现分解层次通货膨胀持续性主要受到宏观波动因子的影响。苏梽芳和陈昌楠（2014）利用 109 种消费品和服务价格调查数据，对部门价格黏性与通货膨胀持续性关系进行了研究。结果表明，部分消费品和服务价格黏性与通货膨胀持续性正相关，而另外一些则负相关。这些研究结果表明，部门分类通货膨胀持续存在明显异质性，那么究竟什么原因导致通货膨胀持续性的部门差异？这将是值得关注的重要课题。实践中，总体价格指数的各构成成分的通货膨胀率存在很大差异，进而产生的通货膨胀持续性也明显不同。为了进一步分析通货膨胀持续性的特征，本节将利用 2001 年 1 月 ~2014 年 12 月的中国分类 CPI 价格指数数据来测度通货膨胀持续性，以便能够为货币政策制定提供强有力的证据。

4.3.1 分类通货膨胀率分数单整过程的平稳性检验

4.3.1.1 数据的解释及其分析

本节采用居民消费物价环比指数（CPI）来衡量通货膨胀率。经过 2001 年调整之后，按照国家统计局的分类，CPI 统计项目主要包含“八大类”体系，即食品、烟酒及用品、衣着、家庭设备用品及服务、医疗保健及个人用品、交通和通信、娱乐教育文化用品及服务、居住等八大类以及262个基本分类。2011年八大类的构成权重为：食品（31.79%）；娱乐教育文化用品及服务（13.75%）；居住（17.22%）；交通和通信（9.95%）；医疗保健个人用品（9.64%）；衣着（8.52%）；家庭设备用品及服务（5.64%）；烟酒及用品（3.49%）[①]。其中，食品类权重最高，所占比重接近1/3，高权重的食品类的波动对于总体CPI的走势会产生巨大影响。

本节以月度环比分类通货膨胀率作为研究对象，其计算公式为环比CPI通货膨胀率 =（环比CPI价格指数 - 100）×100，样本区间为2001年1月~2014年12月，共包含168个观测值。为了后边分析的方便，我们将八大类子成通货膨胀率简记为：CPI_FOOD（食品），CPI_TABACCO（烟酒及用品），CPI_CLOTH（衣着），CPI_HOUSOLD（家庭设备用品及服务），CPI_TRAFFIC（交通和通信），CPI_HEALTH（医疗保健个人用品），CPI_EDUCATION（娱乐教育文化用品及服务），CPI_HOUSING（居住）。在计算八大类子成分通货膨胀率之前，对CPI环比指数采用X12方法进行了季节调整，图4-11与图4-12中分别为八大类通货膨胀率动态走势以及分布特征。

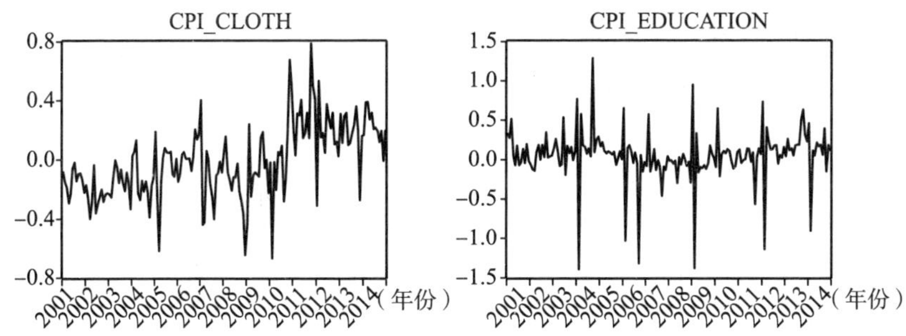

① Wind资讯。

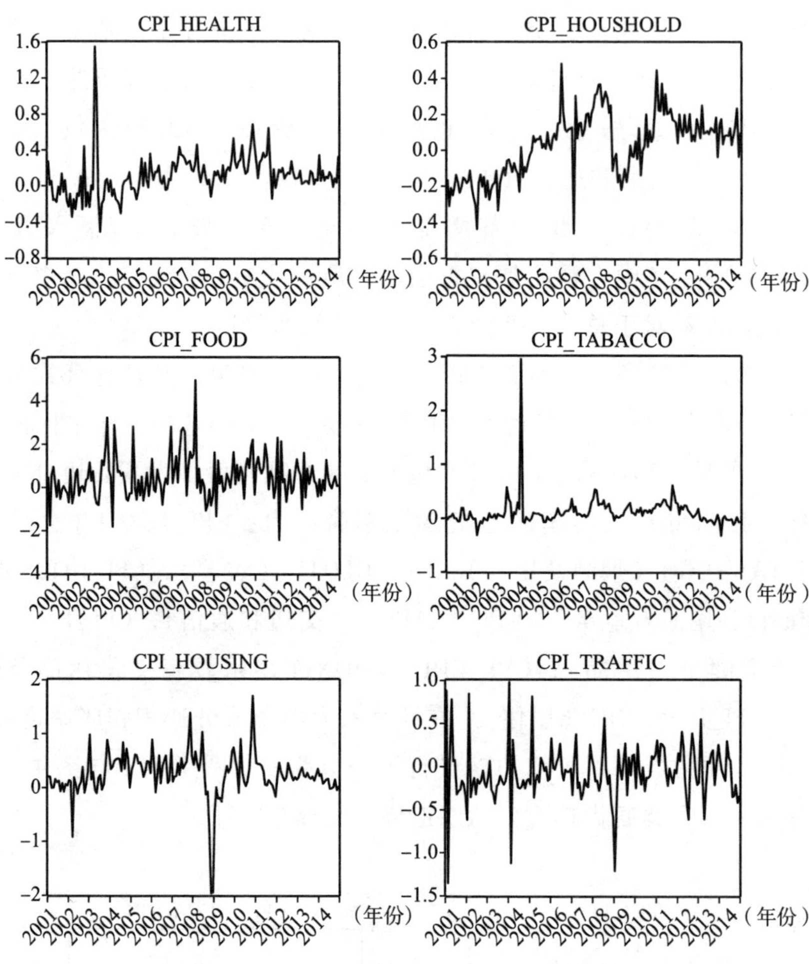

图 4-11　分类 CPI 通胀率的趋势变化

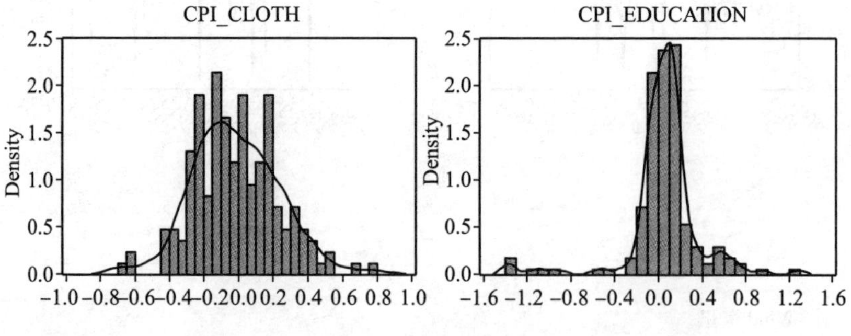

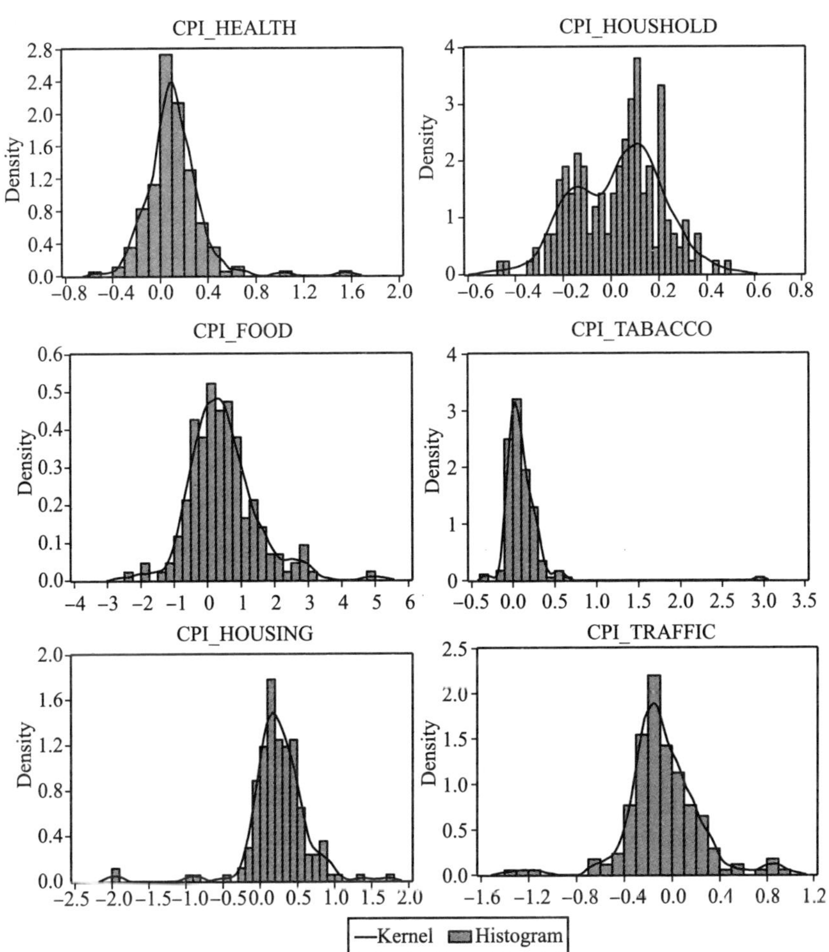

图 4-12　分类 CPI 通胀率的分布特征

图 4-11 展示了分类 CPI 通货膨胀在样本区间内时序变化特征，结果表明分类 CPI 通货膨胀率在动态走势上表现出涨跌不同步、涨幅悬殊特征。例如，在 2005~2007 年期间，衣着、医疗保健个人用品和家庭设备用品及服务类通货膨胀率呈现出上升的趋势，娱乐教育文化用品及服务类通货膨胀率呈现出下降的趋势，而食品和研究类则呈现上升和下降交替的趋势。烟酒及用品类除了 2004 年发生较大起幅

之外，大体比较平稳。另外，我们也可以发现，相对于其他类的通货膨胀率，食品和交通及通信类呈现较大波动，其中食品类通货膨胀率波动幅度是最大的。图 4 – 12 展现分类 CPI 通货膨胀率分布特征的差异，从偏态角度看，衣着、娱乐教育文化用品及服务、食品、交通和通信类通货膨胀率呈现明显的左偏分布，而其他的四类通货膨胀率则呈现右偏分布；从峰态角度看，所有类别的通货膨胀率都呈现明显尖峰分布，其中医疗保健个人用品类最大，衣着类最小。与总体 CPI 通货膨胀率相比，分类 CPI 通货膨胀率呈现不同波动特征及分布规律。这些特征可能隐含着，分类 CPI 通货膨胀序列包含的信息可能比加总之后的总体 CPI 通货膨胀序列包含的信息更加丰富，由于持续性程度存在差异，导致各分类价格指数除了在权重差异上对总体 CPI 贡献有差异外，对总体 CPI 的驱动力也不同，因此有必要对分类 CPI 通货膨胀持续性进行研究。

4.3.1.2 平稳性检验

下面我们将对各分类通货膨胀率序列的平稳性进行单位根检验。为了保证检验结果可靠性，同时采用 ADF 检验（Dickey & Fuller, 1981）、PP 检验（Phillips & Perron, 1988）、DF – GLS 检验（Eilliot, 1996）、KPSS 检验（Kwiatkowski et al., 1992）四种方法。其中 ADF 检验、PP 检验和 DF – GLS 检验方法采用 I(1) 作为原假设，而 KPSS 检验则采用 I(0) 作为原假设，具体的检验结果如表 4 – 11 所示。交通和通信、衣着类通货膨胀序列在 ADF 检验、PP 检验拒绝 I(1) 的原假设，而在 DF – GLS 检验中不能拒绝 I(1) 的原假设，在 KPSS 检验中不能拒绝 I(0) 的原假设。烟酒及用品、娱乐教育文化用品及服务、医疗保健个人用品类通货膨胀序列在 ADF 检验、PP 检验、DF – GLS 检验中拒绝 I(1) 的原假设，在 KPSS 检验中拒绝 I(0) 的原假设。食品、居住类通货膨胀序列在 ADF 检验、PP 检验、DF – GLS 检验中拒绝 I(1) 的原假设，并且 KPSS 检验中不能拒绝 I(0) 的原假设。另外，家庭设备用品及服务在 PP 检验中拒绝 I(1) 的原假设，ADF 检验、DF - GLS 检验不能拒绝 I(1) 的原假设，而 KPPS 检验中不能拒绝 I(0) 的原假设。我们可以发现八大类 CPI 通货膨胀序列不同单位根检验方法的结果存在很大的不一致性。由于单位根检验的方法在很多情况下存在不足，因此上述的检验结果不能肯定分类通货膨胀序列是否存在单位根。此外，上述单位根检验结果表明，中国分类 CPI 通货膨胀序列可能既不是零阶单整过程，也不是一阶单整过程，而可能是分数单整过程，当然这需要进一步检验。

表 4 - 11　　总体及分类 CPI 通胀率单位根检验

子成分序列	ADF 检验	PP 检验	DF - GLS 检验	KPSS
CPI_FOOD	- 11.54 *** (0)	- 11.90 *** (6)	- 11.56 *** (12)	0.12 * (6)
CPI_TABACCO	- 10.58 *** (0)	- 10.84 *** (5)	- 10.29 *** (0)	0.18 ** (6)
CPI_CLOTH	- 8.97 *** (0)	- 9.10 *** (5)	- 8.36 (0)	0.13 * (7)
CPI_HOUSOLD	- 2.82 (2)	- 7.11 *** (7)	- 2.85 * (3)	0.20 ** (9)
CPI_TRAFFIC	13.48 *** (0)	- 13.69 *** (8)	- 1.89 (4)	- 0.05 (6)
CPI_HEALTH	- 8.10 *** (0)	- 7.99 *** (4)	- 6.99 *** (0)	0.22 ** (4)
CPI_EDUCATION	- 17.15 *** (0)	- 16.59 *** (6)	- 5.34 *** (2)	0.25 *** (4)
CPI_HOUSING	- 6.09 *** (0)	- 6.06 *** (4)	- 6.10 *** (0)	0.08 (8)
CPI	- 10.88 *** (0)	- 11.42 *** (6)	- 6.96 *** (1)	0.14 * (7)

注：①ADF 检验和 DFGLS 检验结果中小括号内数值表示依据 SC 准则选取的滞后阶数，而 PP 检验和 KPSS 检验中小括号内数值表示依据 Newey - West 准则选取的带宽。②＊、＊＊和＊＊＊分别表示在 10%、5% 和 1% 的显著水平下拒绝原假设。

4.3.1.3 ARFIMA 模型估计结果

为了检验总体 CPI 及分类 CPI 通货膨胀率是否存在分数单整过程，下面我们构建 ARFIMA(p，d，q）模型，并利用 Stata14.0 对模型参数进行估计。在参数估计过程中，自回归阶数 p 和移动平均阶数 q 的值根据 AIC 信息准则以及各项 t 检验结果进行确定，分数单整阶数则根据 EML（exact maximum likelihood）方法（Sowell，1992）进行确定。模型估计结果如表 4-12 所示。

表 4-12 总体 CPI 及分类 CPI 通货膨胀率 ARFIMA 模型估计结果

通胀序列	ARFIMA 类型	d 值	d 值标准差	d 值 95% 置信区间
CPI_FOOD	ARFIMA(0，d，0)	0.1277***	0.0590	(0.0120，0.2433)
CPI_TABACCO	ARFIMA(1，d，1)	0.1880***	0.0656	(0.0594，0.3166)
CPI_CLOTH	ARFIMA(1，d，1)	0.4400***	0.0760	(0.2910，0.5891)
CPI_HOUSOLD	ARFIMA(1，d，0)	0.4881***	0.01638	(0.4560，0.5202)
CPI_TRAFFIC	ARFIMA(1，d，1)	-0.0553	0.0639	(-0.1805，0.0700)
CPI_HEALTH	ARFIMA(0，d，0)	0.3439***	0.0661	(0.2144，0.4734)
CPI_EDUCATION	ARFIMA(1，d，0)	0.1405**	0.0714	(0.0006，0.2804)
CPI_HOUSING	ARFIMA(0，d，1)	0.2989***	0.0835	(0.1352，0.4626)
CPI	ARFIMA(0，d，0)	0.1719***	0.0577	(0.0588，0.2849)

注：*、** 和 *** 分别表示在 10%、5% 和 1% 的显著水平下拒绝原假设。

表 4-12 展现了总体 CPI 通货膨胀率以及分类 CPI 通货膨胀率 ARFIMA 模型的估计结果。通过表 4-12 可以发现，大多数模型估计的长记忆参数 d 的值都处于 0~0.5 之间，这表明各个通胀序列是平稳，并且具有有限的记忆性。其中家庭设备用品及服务类长记忆参数 d 的值最大，达到 0.4881，表明该通货膨胀序列具有较强的持续性；

而交通和通信类长记忆参数 d 值最小，并且是不显著的，这说明该通货膨胀序列持续性较小。

4.3.2 分类通货膨胀持续性的测度

上一部分中的经验证据表明分类 CPI 通货膨胀率存在分数单整过程，接下来我们将主要对分类通货膨胀持续性程度进行测度。Gadea 和 Mayoral（2006）表明，如果通货膨胀序列存在分数单整过程，传统的自回归系数和的方法将是不适合的。为此，本书将采取三种方法测度通货膨胀持续性。首先，脉冲响应函数测度了一单位新息（innovation）冲击对通货膨胀序列产生的效应，该种方法与通货膨胀持续性的定义是一致的。但脉冲响应函数是一个向量的测度指标，解释起来比较困难。因此，本书中又引入了另外两种通货膨胀持续性测度指标，下边我们将一一进行阐述。

对于 ARFIMA 模型的脉冲响应函数，可以被定义为 $A(L)=(1-L)^{-d}\Phi(L)^{-1}\Theta(L)$ 的第 h 期的系数，其中，$\Phi(L)$ 和 $\Theta(L)$ 分别为自回归和移动平均的多项式。第 h 期的脉冲响应函数可以表示为（Koop et al.，1997）：

$$IRF(h) = \sum_{i=0}^{h} \pi_i(-d)J(h-i) \tag{4.1}$$

其中，$\pi_i(-d)$ 来自于 $(1-L)^{-d}$ 的二项式分解，$J(\bullet)$ 为 ARMA（p，q）模型的脉冲响应函数。需要注意的是，随着 d 值取值范围的变化，$IRF(\infty)$ 也会不同，如下：

$$IRF(\infty) = \begin{cases} 0, & d<1 \\ \Phi(L)^{-1}\Theta(L), & d=1 \\ \infty, & d>1 \end{cases} \tag{4.2}$$

公式（4.2）表明，当 $d<1$ 时，冲击的影响是短暂的，其长期影响为 0；$d=1$ 时，冲击的影响是长期的，但其长期影响为有限值；当

d>1 时，冲击的影响是长期的，其长期影响为无限值。

图 4－13 展示了分类 CPI 通货膨胀率的脉冲响应函数图。图 4－13 展示的结果表明，受到冲击之后，总体 CPI 通货膨胀和分类 CPI 通货膨胀率的响应路径存在很大的差异。其中，家庭设备用品及服务类通货膨胀率受到一个标准差的随机冲击之后，开始逐渐下降，随着滞后期向后的推移，衰减的速度较为缓慢，这表明家庭设备用品及服务类通货膨胀持续时间较长。这与现有文献中发现的结果是一致的。国外学者研究发现家庭设备用品及服务类中的耐用品及服务两类通货膨胀持续性程度较高（Clark，2006；Elmer & Maag，2009）。尤其值得关注的是，服务类通胀持续性显著高于商品类的通货膨胀持续性，原因主要在于服务行业属于劳动密集型产业，工人工资的调整往往具有很大黏性，因而导致服务类通货膨胀呈现较强的持续性。衣着类、居住类及医疗保健个人用品类通货膨胀率受到冲击之后，衰减速度也较为缓慢，说明这三类通货膨胀率也呈现较强的持续性。值得注意的是，在欧美国家的研究中，作为非耐用消费品的衣着类商品通货膨胀持续性通常比较低，这与欧美国家的研究结果是存在很大差异。孔丹凤和张成祥（2012）认为造成这种差异的可能原因是，中国服装产业属于劳动密集型产业，企业的利润率通常比较低，此外中国劳动力丰富，人力成本比较低，企业没有动力调整工资，工资呈现较强的黏性，从而导致服务类商品通货膨胀持续性较高。通过对交通和通信类、娱乐教育文化用品及服务类通货膨胀率的脉冲响应函数的观察，可以发现这两类通货膨胀率受到冲击之后，衰减的速度非常快，长期表现震荡的特征，这说明交通和通信类和娱乐教育文化用品及服务类通货膨胀持续性较低。以上的结果表明分类通货膨胀率的持续性存在一定异质性，加总后得到的总体 CPI 通货膨胀持续性特征并不能完全真实反映各分类通货膨胀率的持续性特征。

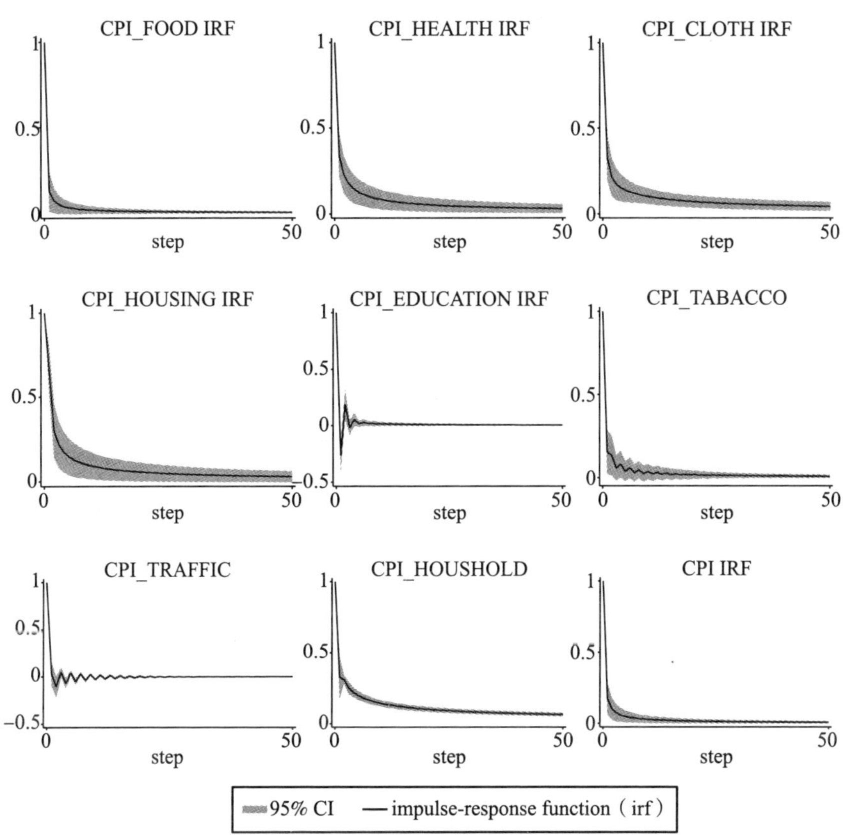

图 4－13 总体 CPI 及分类 CPI 通胀率脉冲响应函数图

表 4－13 中第 2、第 3、第 4 列分别展示了 h＝4，12，40 时的脉冲响应函数 IRF(h) 的值，分别代表冲击对分类 CPI 通货膨胀序列的短期、中期以及长期的影响。根据表 4－13 所展示的结果可以发现，不同类别 CPI 通货膨胀率 IRF(h) 的值在短期、中期和长期存在较大的差异，其变化可以反映分类通货膨胀受到冲击之后的衰减速度，这在一定程度说明不同类别 CPI 通货膨胀持续性明显不同。

表 4-13　　总体 CPI 及分类 CPI 通货膨胀持续性测度结果

通胀序列	IRF(4)	IRF(12)	IRF(40)	ρ_{40}	HL
CPI_FOOD	0.0399	0.0155	0.0054	0.4136	0.31
CPI_TABACCO	0.0819	0.0317	0.0101	0.5322	0.41
CPI_CLOTH	0.1509	0.0925	0.0487	0.7795	1.19
CPI_HOUSOLD	0.2220	0.1307	0.0714	0.8317	2.27
CPI_TRAFFIC	-0.0726	-0.0237	-0.0015	-0.2143	—
CPI_HEALTH	0.1509	0.0748	0.0342	0.7507	0.96
CPI_EDUCATION	0.0523	0.0123	0.0045	0.2195	—
CPI_HOUSING	0.1759	0.0798	0.0341	0.7811	1.50
CPI	0.057812	0.023563	0.00873	0.5100	0.39
简单均值	0.5118				
加权均值	0.4843				

利用脉冲响应函数来测度分类 CPI 通货膨胀持续性是一种向量的测度方法，解释起来比较困难。下边我们引入两种标量的测度方法，一种前文已经使用的半衰期测度方法（$HL=\ln(1/2)/\ln(\rho)$）；另外一种借鉴 Gadea 和 Mayoral（2006）的 ρ_{40}方法，ρ_{40}可以表示为：

$$\rho_{40} = 1 - 1/\sum_{h=0}^{40} IRF(h) \tag{4.3}$$

公式（4.3）可以视为自回归系数的截断版本。当 ρ_{40}的值越大，则表明通货膨胀持续性越强。表 4-13 中最后两列展示了半衰期和 ρ_{40}的测度结果。表 4-13 中的结果表明，除了交通通信类的 ρ_{40}小于 0 以外，其他各子成分的处于（0.2195，0.8317）区间范围。这表明分类通货膨胀持续性程度存在很大差异，其中家庭设备用品及服务类的通货膨胀持续性最高，衣着类、居住类和医疗保健个人用品类次之，其他类持续性较小。对于半衰期的测度结果基本上与 ρ_{40}的结果相似，本书不再赘述。

此外，国外学者对欧美国家分类通胀持续性研究中发现，对 CPI 通货膨胀率分解的越深入，分解层次所表现出来的分类通胀持续性水平就越低（Clark，2006；Boivin，Giannoni & Mihov，2009）。但是表 4－13 所展示中国分类通货膨胀持续性的结果可以发现，相对于总体 CPI 通货膨胀率的持续性，中国分类 CPI 通货膨胀持续性并没有显著的下降，无论是简单均值还是加权均值，都与总体 CPI 通货膨胀持续性高度接近，甚至略高于后者。这进一步说明加总之后的总体 CPI 通货膨胀持续性掩盖了不同类别通货膨胀持续性的差异。

4.3.3 分类通货膨胀持续性结构突变检验

上述中主要从静态的角度对中国总体 CPI 及其分类 CPI 通货膨胀持续性的水平进行了估计。但近些年来中国央行货币操作框架、货币政策工具以及货币政策运行机制等都发生了明显的改变。这将有可能导致通货膨胀持续性产生显著的结构突变，接下来本书将利用 Quandt－Andrews未知突变点检验的方法对中国分类 CPI 通货膨胀持续性进行结构突变检验。在检验过程我们使用 Wald F 统计量进行判定，并采用 Hansen（1997）的方法计算各统计量对应的渐进 P 值。通过对总体 CPI 及各自成分通胀序列构建 AR 模型①，并对总体系数、常数项及一阶滞后项系数分别进行检验，检验结果如表 4－14 所示。

表 4－14　总体 CPI 及分类 CPI 通胀率结构突变检验

总体 CPI 及分类 CPI	总体系数	常数项	一阶滞后项
CPI_FOOD	5.9447 (2006m11)	5.1952 (2006m11)	3.0157 (2008m3)
CPI_TABACCO	21.4344 *** (2004m9)	6.2687 (2013m10)	6.7127 (2004m9)
CPI_CLOTH	29.2567 *** (2010m10)	26.1962 *** (2010m10)	5.7896 (2010m11)

① 此处采用 AR 模型结构与方程（3.3）相似。

续表

总体 CPI 及分类 CPI	总体系数	常数项	一阶滞后项
CPI_HOUSOLD	8.5564 (2003m7)	6.4248 (2004m7)	4.6605 (2002m7)
CPI_TRAFFIC	21.4104 *** (2005m7)	4.3800 (2009m3)	14.7258 *** (2007m5)
CPI_HEALTH	25.1387 *** (2003m4)	12.5460 *** (2005m6)	7.2423 (2007m1)
CPI_EDUCATION	12.0459 (2006m2)	12.1465 ** (2006m2)	5.3235 (2012m4)
CPI_HOUSING	14.1593 * (2008m8)	2.2873 (2002m11)	10.1933 ** (2003m9)
CPI	6.7286 (2002m12)	5.9120 (2003m8)	3.0915 (2006m6)

注：①*、**和***分别表示在10%、5%和1%的显著水平下拒绝原假设。②括号内为 WAld F 统计量对应的突变时点。

表4－14展示了对总体 CPI 及分类 CPI 通胀率 AR 模型未知断点结构检验最大的 Wald F 统计量的值以及对应的 P 值。表4－14所展示的结果表明，总体 CPI 通胀率的 AR 模型，无论是截距项、一阶滞后项系数还是总体系数在任何的显著性水平上均不能拒绝没有发生结构突变的原假设。这说明在样本期内总体 CPI 通胀率的均值与通货膨胀持续性均没有发生显著性结构性突变。对于各分类 CPI 通胀率而言，除了交通通信类和居住类的一阶滞后项系数拒绝了没有发生结构突变的原假设之外，其他均拒绝了原假设。这表明交通通信类和居住类 CPI 通胀率存在一定程度的结构突变，不过上述内容中交通通信类 CPI 通胀率不存在持续性，因此对于总体 CPI 通胀率持续性不能够成影响。总之，虽然个别分类 CPI 通胀率持续性发生一定的结构突变，但没有对总体 CPI 通胀率持续性构成影响。

4.3.4 总体及分类通货膨胀的持续性进一步解释

上述中我们发现总体 CPI 通胀率与分类 CPI 通胀率的持续性存在显著的差异，到底是什么原因造成了这种差异，两者之间的关系如何，这将是我们需要进一步分析的关键所在。按照现有文献的研究结果，分类通货膨胀率同时受到宏观共同冲击和部门特有冲击的影响。如果共同冲击比特有冲击的持续性更高，那么分类通货膨胀受共同冲击的影响越大，它的通货膨胀持续性就越高；特有冲击的重要性在分类 CPI 通货膨胀率的加总过程中被削弱，所以总体 CPI 通货膨胀率基本上只包括了共同冲击的影响，它的通货膨胀持续性就会高于分类通货膨胀持续性（Clark，2006；Altissimo，Ehrmann & Smets，2006；Boivin，Giannoni & Miho，2009）。在本节中，我们采用因子分析方法把分类 CPI 通货膨胀率序列分解为特殊因子和共同因子，然后进一步分析特殊因子和共同因子对于分类 CPI 通货膨胀持续性的解释能力。

与 Clark（2006）、Elmer 和 Maag（2006）研究方法相似，本书借鉴 Stock 和 Watson（2002）的因子分析模型将各构成成分 CPI 通胀率分解为共同因子和特殊因子，模型可以表示为：

$$\pi_{it} = \lambda_i f_t + \mu_{it} \tag{4.4}$$

其中，π_{it}为各构成分在第 t 期的 CPI 通货膨胀率，f_t 为利用主成分分析方法提取的第一个主成分作为共同因子，λ_i 为对应的因子载荷值。对于共同因子 μ_{it}，可以通过各构成成分 CPI 通货膨胀率对共同因子回归得到的残差序列表示。

在进行因子分析之前，我们首先计算分类 CPI 通货膨胀率之间的 Person 相关系数，并进行严格的 KMO 抽样适当性检验和 Bartlett 球形度检验，检验的结果如表 4 - 15 和表 4 - 16 所示。通过表 4 - 15 和表 4 - 16 可以发现大多数 CPI 各构成成分通胀率之间的相关系数在 5%

的显著性水平下是显著的，KMO 值大于 0.6，并且 Bartlett 球形度检验拒绝原假设，这表明可以进一步进行因子分析。

表 4-15　　分类 CPI 通货膨胀率相关系数矩阵

	CLOTH	EDUCATION	FOOD	HEALTH	HOUSOLD	HOUSING	TABACCO	TRAFFIC
CLOTH	1	-0.160*	-0.051	0.258**	0.372**	0.193*	0.055	0.101
EDUCATION		1	0.257**	-0.027	-0.021	-0.014	-0.052	0.181*
FOOD			1	0.121	0.201**	0.323**	0.181*	0.271**
HEALTH				1	0.349**	0.166*	-0.032	0.095
HOUSOLD					1	0.239**	0.216**	0.230**
HOUSING						1	0.142	0.225**
TABACCO							1	0.059
TRAFFIC								1

注：①表格内数值为计算得到 Person 相关系数。② *、** 和 *** 分别表示在 10%、5% 和 1% 的显著水平下显著。

表 4-16　　分类 CPI 通货膨胀率 KMO 及 Bartlett 球形度检验结果

取样足够度的 Kaiser-Meyer-Olkin 度量		0.643
Bartlett 的球形度检验	近似卡方	2093.180
	自由度	153
	P 值	0.000

表 4-17 列出利用主成分分析方法提取出的三个公因子，其中第一个公因子的方差贡献率为 26.537%，第二个公因子的方差贡献率为 18.093%，第三个公因子的方差贡献率为 13.317%，三个公因子总的方差贡献率达到了 57.948%，这表明三个公因子共解释了原始数据总方差的60%左右。表 4-18 中的公因子方差项可以看出，大多数分类通货膨胀率的公因子方差都在60%左右，可以解释原始数据中包含的大部分信息，提取的结果是可以接受的。

表4-17　　解释的总方差（分类CPI通货膨胀率）

成分	初始特征值			提取平方和载入		
	合计	方差的百分比（%）	累积百分比（%）	合计	方差的百分比（%）	累积百分比（%）
1	2.123	26.537	26.537	2.123	26.537	26.537
2	1.447	18.093	44.631	1.447	18.093	44.631
3	1.065	13.317	57.948	1.065	13.317	57.948
4	0.830	10.371	68.319			
5	0.809	10.108	78.427			
6	0.668	8.355	86.783			
7	0.546	6.827	93.609			
8	0.511	6.391	100.000			

表4-18　　公因子方差及成分矩阵

变量	公因子方差	成分		
		1	2	3
CPI_CLOTH	0.593	0.494	-0.580	0.115
CPI_EDUCATION	0.628	0.089	0.700	0.361
CPI_FOOD	0.630	0.544	0.571	-0.091
CPI_HEALTH	0.567	0.522	-0.313	0.443
CPI_HOUSOLD	0.590	0.726	-0.249	0.009
CPI_HOUSING	0.417	0.620	0.086	-0.160
CPI_TABACCO	0.776	0.339	0.054	-0.811
CPI_TRAFFIC	0.435	0.525	0.354	0.184

另外，通过表4-18的成分项部分，可以发现在第一个公因子中，绝大多数商品和服务的因子载荷值大于0.5，这表明第一个公因子解释了大部分各分类CPI通胀率的波动，可以把它看作宏观波动因子（如需求冲击、供给冲击以及货币政策冲击等）。接下来，我们利用因子系数矩阵可以得到各个公因子的因子得分序列。进一步观察第一个公因子序列与总体CPI序列变动关系，可以发现两者之间呈现相

似的变化趋势。这表明加总的总体 CPI 通货膨胀率波动源自宏观经济的冲击，因此以第一个公因子作为共同因子是非常合理的。

根据上边得到的共同因子序列，并将各分类 CPI 通货膨胀率对其进行回归，可以得到特殊因子序列。接下来我们将利用 ρ_{40} 和 HL 方法分别计算共同因子和特殊因子通货膨胀持续性进行估计，计算结果如表 4－19 所示。表 4－19 中展示的结果表明，代表宏观经济波动的公共因子呈现出相当高的持续性，达到 0.8143。公共因子的高持续性必然会在一定程度上反映到各分类 CPI 通货膨胀持续性上，而反映程度的大小主要取决于各类商品在公共因子上的载荷值。根据表 4－18 展示的结果，可以发现，衣着、家庭设备用品及服务、医疗保健和个人用品以及居住四类商品在公共因子上的因子载荷较大，因此对应的这些类别的商品的通胀持续性也应较大。对比表 4－13 可以发现，这些类别的 CPI 通货膨胀持续性的确相对较大。另一方面，交通和通信、娱乐教育文化及用品两类在第二个公因子上的载荷较大，对应这两类 CPI 通货膨胀持续性也相对较低。

表 4－19　公共因子和特殊因子通货膨胀持续性估计结果

变量		ρ_{40}	HL
共同因子		0.8143	1.43
特殊因子	CPI_CLOTH	0.7091	0.73
	CPI_EDUCATION	0.2195	—
	CPI_FOOD	0.5333	0.49
	CPI_HEALTH	0.7289	0.85
	CPI_HOUSOLD	0.7379	0.83
	CPI_HOUSING	0.7092	0.78
	CPI_TABACCO	0.3399	0.31
	CPI_TRAFFIC	0.0897	0.27
简单均值		0.5084	
加权均值		0.5360	

从表 4－19 中还可以看出，分类 CPI 通货膨胀率的特殊因子的持续性存在明显的异质性，交通和通信类特殊因子的持续性最小，家庭设备用品及服务类特殊因子的持续性最高。另外，特殊因子持续性简单均值与加权均值明显低于共同因子的持续性，表明共同因子仍然是影响 CPI 各构成成分通货膨胀持续性的主导因素。但是我们应该注意到，加总的总体通货膨胀持续性为 0.51，与 CPI 各构成成分通货膨胀持续性均值逐渐接近（简单均值为 0.5115，加权均值为 0.4843），并且衣着、家庭设备用品及服务、医疗保健和个人用品类的通货膨胀持续性高于总体通货膨胀持续性。以上的证据表明近些年来共同因子对于 CPI 各构成成分通货膨胀持续性降低，而某些特殊因子的影响逐渐地增强。

4.3.5 研究结论

本节利用 2001 年 1 月～2014 年 12 月中国分类 CPI 环比价格指数数据，并基于 ARFIMA(p，d，q) 的脉冲响应函数对分类 CPI 通货膨胀持续性进行了测度，同时利用一个因子分析模型分类 CPI 通货膨胀持续性的差异进行了解释。研究结果表明：第一，分类 CPI 通货膨胀率存在明显的分数单整过程，说明基于 ARFIMA(p，d，q) 测度分类 CPI 通货膨胀持续性是非常合理；第二，总体 CPI 通货膨胀持续性与分类通货膨胀持续性逐渐地接近，甚至某些成分的通货膨胀持续性显著地高于总体通货膨胀持续性；第三，分类 CPI 通货膨胀率受到共同因子和特殊因子的共同影响，并且共同因子和特殊因子对分类 CPI 通货膨胀率影响逐渐接近。

4.4 本章小结

通货膨胀持续性是通货膨胀动态的重要特征之一，其大小直接影响到货币政策的设计。因此准确的测度通货膨胀持续性对于分析货币政策具有重要的现实意义。本章利用经验数据对于中国通货膨胀持续性进行分析。首先，利用几种常用简化式的方法，在恒定通货膨胀均值与时变均值两种情况下，对中国总体通货膨胀持续性进行测度，并对通货膨胀持续性的结构突变进行了检验。结果表明，中国通货膨胀持续性处于较高的水平，并且发生明显的结构突变，近些年通货膨胀持续性呈现下降的趋势。此外，还发现时变均值下的通货膨胀持续性水平明显低于恒定均值下的通货膨胀持续性水平。其次，基于多变量结构时间序列模型对中国通货膨胀持续性产生的根源进行了分析。结果表明，除了内在通货膨胀持续性，外在通货膨胀持续性和基于预期的通货膨胀持续性也是造成中国高持续性的重要根源。此外我们还发现，相对于简化式的测度方法，内在通货膨胀持续性水平下降幅度较大，这表明价格指数化或者后顾性行为并不是影响通货膨胀持续性主要根源，预期的偏差可能是影响中国通货膨胀高持续性的最重要因素。最后，本章利用 ARFIMA 模型对分类 CPI 通货膨胀持续性进行了研究。研究结果表明，分类 CPI 通货膨胀持续性存在显著的差异，其中家庭设备用品及服务类的通货膨胀持续性最高，衣着类、居住类和医疗保健个人用品类次之，其他持续性较小。同时，利用因子分析模型将分类 CPI 通货膨胀率分解为共同因子和特殊因子，进一步解释了分类 CPI 通货膨胀持续性的差异。

第5章 中国通货膨胀持续性的动态特征分析

本章主要研究通货膨胀持续性动态变化。首先根据通货膨胀序列所展现的统计特征，分析其周期变化规律，并进一步阐述其周期变化的原因。然后利用中国通货膨胀率数据，构建时变参数的自回归模型，基于卡尔曼滤波的方法对中国通货膨胀持续性动态特征进行了测度，分析其动态变化的特征。最后对于中国通货膨胀持续性动态变化的原因进行了分析。

5.1 中国通货膨胀的动态特征分析

5.1.1 中国通货膨胀周期波动

本章以CPI同比物价指数作为中国通货膨胀率的替代变量，即通货膨胀率=（CPI同比物价指数-100）×100，来分析中国通货膨胀周期的波动。数据选取的区间为1992年1月~2014年12月，来源中国国家统计局网站。为了更加直观地观察该区间内通货膨胀率的变动情况，本书将该区间范围内的通货膨胀率绘制成时间序列的线图（如图5-1所示）。通过观察图5-1可以发现，样本区间内中国通货膨胀呈现“上升—下降—再上升—再下降”的“W”形周期性特征，同时通货膨胀率呈现较大的波动。其中1992～1999年中国通货膨胀率的波动比较大，尤其在1993年和1994年出现恶性的通货膨胀。1999年以后虽然通货膨胀率的波动幅度有了大幅的下降，但其波动幅度具有逐步走高的趋势。随后2008年之后又经历新一轮的大幅波动，直到2012年之后通货膨胀才逐渐趋于平稳。为了进一步深入考察通货膨胀在该样本区间内的变化特征，并探究产生通货膨胀起伏波动背后的主要推动力，在此借鉴Artis、Bladen－Hovell和Denise等（1995）的研究成果，对样本期内中国通货膨胀进行周期划分。Artis、Bladen－Hovell和Denise等（1995）主要利用通货膨胀时间序列统计特征对其进行周期的划分，大体归纳起来主要包含三条判定的标准：第一，在通货膨胀时间序列图中，一个波峰出现之后必然出现波谷；第二，上升期或者下降期对应的区间间隔至少要超过9个月的时间；第三，两个相邻区间之间出现的极值点作为周期区间临界点。按照Artis、Bladen－Hovell和Denise等（1995）提出的划分标准，并结合中国通货膨胀率的时间序列图5－1，以“波谷—波峰—波谷”为一个完整的周期性变化来划分，样本期内中国通货膨胀的周期变化大体可以划分为5个周期，波峰分别出现在1994年、2001年、2004年、2008年和2011年[①]。5个周期的具体起止时间为：1992年1月～1999年4月为第一个周期，1999年5月～2002年5月为第2个周期，2002年6月～2006年3月为第3个周期，2006年4月～2009年7月为第4个周期，2009年8月～2014年12月为第5个周期。

① 张成思（2009c）采用相同的方法将1978年1月～2008年5月中国通货膨胀划分为8个周期。

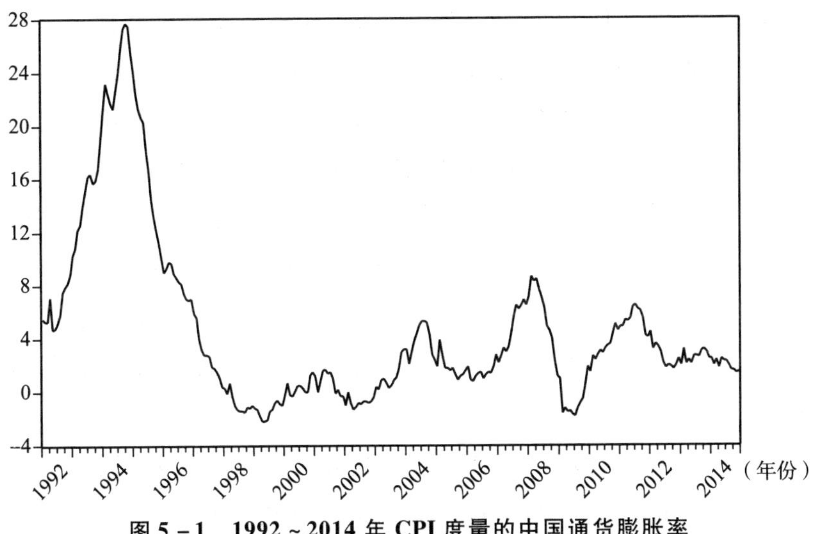

图 5－1　1992～2014 年 CPI 度量的中国通货膨胀率

为了更加详细的描述各个周期内通货膨胀率变动的特征，下面本书将对通货膨胀数据进行描述统计分析。在进行统计描述时，主要考察周期的跨度、上升期的跨度、波峰时刻、峰值、均值和标准差。按照这几个方面得到的各周期的统计描述信息，具体总结如表 5－1 所示。从表 5－1 可以得出中国通货膨胀周期变化的特征为：

表 5－1　　各周期内通货膨胀率描述统计量的值

周期	区间	跨度	上升期跨度	波峰时刻	峰值	均值	标准差
1	1992 年 1 月～1999 年 4 月	88 个月	34 个月	1994.10	27.7	9.81	8.62
2	1999 年 5 月～2002 年 5 月	36 个月	25 个月	2001.5	1.7	－0.02	1.06
3	2002 年 6 月～2006 年 3 月	47 个月	27 个月	2004.7	5.3	1.7	1.78
4	2006 年 4 月～2009 年 7 月	40 个月	23 个月	2008.2	8.7	3.35	3.14
5	2009 年 8 月～2014 年 12 月	65 个月	24 个月	2011.7	6.5	2.96	1.62

第一个周期（1992～1999年），通货膨胀波动较大，标准差达到8.62，持续时间较长，达到88个月，将近8年。尤其在1992～1994年期间，中国出现严重的通货膨胀。1994年10月份达到周期的波峰，峰值为27.7%，是改革开放以来通货膨胀率的最大值。

第二个周期（1999～2002年），通货膨胀比较稳定，均值为-0.02，基本保持在2%以下，甚至出现了通货紧缩的局面。该周期内波谷出现在1999年6月份，通货膨胀率-2.1%，出现了通货紧缩。2001年5月份达到周期的波峰，峰值为1.7%，随后又开始逐渐地下降，通货紧缩没有得到根本的改变。

第三个周期（2002～2006年），平均通胀率为1.7，通货紧缩情况有所缓解，保持温和的通货膨胀。该周期内波谷出现在2002年5月份，通货膨胀率为-1.1%，仍然存在通货紧缩。经过这一轮的调整，2004年8月份通货膨胀率达到波峰，峰值为5.3%，随后开始缓慢下降，保持在温和的通货膨胀水平。

第四个周期（2006～2009年），这一周期时间跨度比较短，时间仅为23个月。在此期间通货膨胀快速上升，并且快速的回落，通货膨胀波动较大，标准差达到3.14。2006年低通胀持续时间较短，随后开始快速的上升，2008年3月份达到8.3%。2008年金融危机发生之后，通货膨胀开始快速回落，2009年7月份达到波谷，通货膨胀率为-1.8%，出现了通货紧缩的局面。

第五个周期（2009～2014年），这一周期上升阶段持续时间比较短，仅为24个月。到2011年7月份，通货膨胀率达到了6.5%。随后，经过11个月通货膨胀率下降为3.0%。2012年6月份之后通货膨胀开始趋于平稳，基本控制在3%以下。

5.1.2 中国通货膨胀周期波动原因分析

通过以上对中国通货膨胀率时序变化图形的直观考察以及对其进

行的周期划分，可以观察到 1992 年以来中国的通货膨胀呈现明显的周期性变化。不同周期的变化不仅反映了整个中国经济发展变化的过程，而且反映了中国在向市场经济体制转轨过程中价格形成机制的动态变化。伴随每一轮通货膨胀的周期变动，其产生背景和原因都是非常不同的。以下将结合中国具体的宏观经济背景，对各轮通货膨胀周期的形成原因展开分析。

5.1.2.1 第一个周期：1992～1999 年

该轮通货膨胀周期的显著特点是，持续时间比较长，并且波动幅度比较大。整个周期的时间跨度长达 88 个月，其均值达到 9.81，标准差达到 8.62，此外该周期也是唯一出现通货膨胀率下降期跨度（54 个月）长于上升期跨度（34 个月）的周期①。此轮通货膨胀周期的波动幅度和均值也是仅次于上一轮的。导致此轮通货膨胀周期形成的主要原因是：

第一，在 20 世纪 90 年代初期，为了释放国有大中型企业的活力，国务院颁布了 20 条重要措施，主要包括下调存贷款基准利率，释放放松银根的信号，最终导致 1993 年全国信贷投放增长率达到 50%，固定资产投资同比增长率达到 61.78%，这两项指标达到了改革开放以来的新高。由于上述刺激政策的影响，在 1992～1994 年期间，中国出现了全国范围的房地产热、开发区热、投资热和股票市场热的局面。所以，本轮周期内的通货膨胀主要受到投资和需求的双向拉动造成的。

第二，通货膨胀具有的持续性特征。此期间在全国各地推进市场化改革，提高了投资的增速，从而引发了经济过热和通货膨胀。使得在 1993 年 1 月以后，通货膨胀率攀升到 10% 以上。尽管在 1993～

① 由于本书选择样本的起始时间为 1992 年 1 月份，计算得到时间跨度为 88 个月，正常该轮周期的起始时间为 1990 年 7 月份，时间跨度长达 106 个月（张成思，2009c）。

1995 年期间中国实施了从紧的宏观调控政策，但是由于通货膨胀的持续性，使得政策效果的时滞效应还是相当明显。致使在紧缩性政策下，1994～1995 年期间的物价仍然继续攀升。

第三，人民币出现一次性大幅贬值，导致了出口需求极为旺盛，1994 年的出口增长率高达 32%，国际商品贸易收支由 1993 年的逆差 122 亿美元转变为 1994 年的顺差 54 亿美元，因此在国际商品贸易顺差快速增长，同时在大力引进外资的政策激励下，国外直接投资大量流入，致使外汇储备由 1994 年初的 212 亿美元猛增到同年年末的 516.2 亿美元，增加了 304.2 亿美元。伴随着外汇储备的快速增长，外汇占款也大量增加，导致基础货币增长幅度超过 25%。因此 1994 年高达 24% 的通货膨胀率与当时外汇储备的急剧上升有很大的关系。因此也是推动此轮通货膨胀形成的重要原因之一。在此背景下，中国央行采取了持续紧缩性货币政策，并实施了盯住美元的固定汇率机制，有效地控制了通货膨胀，最终成功地实现了经济的“软着陆”，此轮通货膨胀到此结束。

5.1.2.2 第二个周期：1999～2002 年

本轮通货膨胀周期基本被控制在一个相对较低的水平，从总体上来看，通货膨胀率的均值为 -0.02，表明了该轮通货膨胀具有紧缩性的意味。并且该轮通货膨胀周期的波动性也是各个周期中最小的，标准差仅为 1.06。由于在上一轮紧缩政策的影响，通货膨胀率从 1995 年以后开始逐渐回落，1997 年亚洲金融危机爆发，进一步推动通货膨胀率的下降，至 1998 年通货紧缩开始出现。中央政府担心持续的通货紧缩可能会对经济发展带来负面效应，以及刺激经济增长的需要，在 1998～2002 年中央银行采取积极的财政政策和以放松银根为主的稳健货币政策。到 2001 年中期，受到国内的扩张政策、油价波动和粮价上涨等因素的共同影响，通货膨胀开始逐渐上升。但是这一周期内的通货膨胀上涨的幅度不是很大，波峰值并没有超过 2%，仅为 1.7%，相对而言是比较温和的，严格意义上并没有形成真的通货膨胀。从 2000 年开始，中国政府推出了一些扩大内需、刺激经济发展举措，这在一定程度推动了价格水平上涨；然而由于银行信贷供给的收缩，金融系统和商业银行采取“惜贷”行为来应对坏账的累积，又对价格水平的上涨起到抑制的作用。由此可见，在该轮通货膨胀周期内，虽然货币供给相对宽松，但是银行信贷是收紧的，银行信贷的平均增长率仅为 11.07%，形成了“松货币、紧信贷”的现象，这是导致该周期内一直没有摆脱通货的原因所在。

5.1.2.3 第三个周期：2002 ~ 2006 年

与 20 世纪的通货膨胀周期相比，此轮通货膨胀周期无论是上升期的持续时间、峰值，还是波动性也都比较温和，通货膨胀率均值为 1.7%，并没有超过 2%。并且这一轮通货膨胀周期的形成，与上一周期出现的通货紧缩密切相关。尽管在 2001 年通货紧缩现象有所减缓，出现小幅度的通货膨胀（峰值不到 2%），但是通货紧缩的阴影一直还是存在的。正是在这样的宏观环境下，当时出现了地方政府主导下的投资增长。在这一政策的激励下，2003 年前 8 个月 CPI 同比增长率持续小幅上升，从 9 月份开始快速上升，并在 12 月份达到 3.2%。到 2004 年，除了原材料、出厂产品、进口商品出现上涨之外，房地产价格和固定资产投资价格也出现了加速上涨。而且特别需要关注的是房地产等资产价格的快速上涨，虽然房地产价格的上涨并不直接计入 CPI 中，但是房地产等资产价格的上涨会影响市场对未来通货膨胀的预期，从而成为推动本轮通货膨胀的重要影响因素。因此在这些因素的影响下，通货膨胀在 2004 年持续走高，从 2004 年 4 月至同年 11 月，CPI 同比增长率连续 8 个月超过 3%，其中 2004 年 6 月至 9 月更是在 5% 以上。

5.1.2.4 第四个周期：2006~2009年

本轮周期的初期低通货膨胀持续了较短的一段时间。伴随着经济高速增长，从2007年3月份，通货膨胀率开始呈现迅速上升的势头，从2007年4月份的3.0%开始一路上升到11月份的6.9%，最终2007年的全年通货膨胀率达到了4.8%，至2008年2月更是达到了8.7%的近年来新高，并且通货膨胀持续上涨的压力仍然存在。因此该轮通货膨胀也成为这段时间宏观经济研究的热点问题。与20世纪90年代中期的所发生的通货膨胀相比，90年代中期的通货膨胀主要是需求拉动，而此轮通货膨胀并不完全是由需求拉动的，更多体现了结构性通货膨胀的特征。主要的形成原因具体可以归纳为：

（1）外部冲击的影响。2007年世界粮食、能源和原料价格上涨，导致企业生产成本上升，对国内通货膨胀产生了很大的压力。2007年1~11月，中国的原材料、燃料、动力购进价格同比上涨4.1%。另外，该段时期内国际粮食危机的爆发，使得国际粮食价格大幅上涨。由于上游产品价格的上涨，最终将会传递到下游产品的价格上，从而推动了下游食品价格的也出现快速上涨，这成为此段期间通货膨胀率持续走高的主要推动因素之一。

（2）2005年7月的汇率形成机制改革后，人民币币值开始快速升值，在人民币持续升值的预期下，国外大量资本通过各种途径涌入到国内，并且在双顺差持续快速增长的配合下，使得基础货币被迫超发现象明显。

总之，该轮通货膨胀产生的主要原因具有明显的国际性特征。而2008年下半年，因受美国次贷危机的冲击，世界各国的经济都受到不同程度的影响，致使国外需求锐减，这种带有国际冲击特征的通货膨胀形成因素迅速消失，并且在整个世界经济普遍不景气的情况下，国内的需求也出现了明显的下降，最终使得国内物价开始迅速下降，从而宣告了此轮通货膨胀持续上升过程的结束，使得2008年上半年的宏观经济政策由防通货膨胀迅速转变成避免通货紧缩和经济增速快速下滑的层面上。

5.1.2.5 第五个周期：2009～2014 年

本轮通货膨胀持续时间 24 个月，到 2011 年 7 月份达到峰值为 6.5%，直到 2012 年 7 月份之后，通货膨胀率开始趋于平稳。该轮通货膨胀周期发生在 2008 年次贷危机之后，全球经济萎缩，需求不振的大环境下，相对于其他通货膨胀周期显著的不同。本轮通货膨胀成为学者们关注后危机时代宏观经济研究的热点，并且许多学者也试图对该轮通货膨胀形成的原因进行解释，为治理当前的通货膨胀提供政策建议，根据这些学者的研究，具体的解释原因主要集中在：

（1）流动性过剩问题。受到 2008 年次贷危机的影响，为了刺激经济尽快地走出危机的阴霾，包括中国在内的世界其他国家均向市场注入了大量的流动性。从国内来看，2009 年以来，为配合国家出台的一系列刺激经济增长的政策，中国货币的信贷投放急剧扩张，货币供应量同比增加 27.7%，与 2008 年相比，信贷投放增长率为 27.5%，达到近些年来的新高。在过度宽松的宏观经济政策激励下，2009 年底通货膨胀上升的势头开始显现，但是为了配合相关项目的后续建设，2010 年的银行新增信贷总额依然高达 7.92 万亿元。另外，由于持续的国际收支不平衡，在双顺差的推动下，中国的外汇储备即使是在 2009 年，其增长势头依然强劲，至 2011 年 6 月中国的外汇储备高达 3.2 万亿美元。由于中国采用的是结售汇制度，快速的外汇增长必然带来基础货币超发的现实。因此在超宽松信贷政策和外汇储备快速增长的推动下，中国的 M2 快速增长，至 2010 年 12 月中国的 M2 达到了 72.58 万亿元，至 2011 年 6 月更是达到了 78.08 万亿元。在此巨量 M2 推动下，造成了国内市场的流动性过剩加剧，中国的 M2 与 GDP 的比值接近于 200%，远远高于美国、日本等发达国家。而流动性过剩的加剧导致经济个体的持币增加，但是在目前中国存在的严重产能过剩的背景下，从需求的角度看就是所谓的“有效需求不足”。其意思是指经济个体的基本需求接近饱和，边际需求倾向已经很低。因此经济个体对于新增加的货币将不是用于消费，而是用于对各种资产的需求。根据供求原理，对资产需求的增长必然导致资产价格的上涨，例如，2009 年出现的房地产价格报复性上涨，其中的一个主要原因就是由流动性过剩导致的。但是随着资产价格的上涨，资产的边际收益将逐渐下降。特别是为了抑制过快上涨的房地产价格，2010 年国家出台了一些号称史上最严厉的房价调控政策，在国家严厉的政策调控下，房地产价格快速上涨的势头得到一定程度的遏制。在这种情况下，过剩的流动性开始流向其他领域，例如，商品领域、收藏品领域等。从 2010 年初开始出现了对农产品的炒作，就是过剩流动性流入商品领域的主要体现。而在资产价格以及某些类商品价格快速上涨的影响下，公众通货膨胀预期显著增加，对通货膨胀的形成产生了很大的影响。因此流动性过剩下形成的通货膨胀预期，成为此轮通货膨胀形成的重要推动力。

（2）成本推动问题。生产成本的快速上升是中国目前通货膨胀形成的另一个主要原因。生产成本上升主要体现在两个方面：第一，工资成本上升。中国经济的快速增长，对劳动力的需求逐渐增加，从而带动了农村劳动力的大量转移。随着农村劳动力转移数量的逐渐下降，这种劳动力供需不平衡的矛盾逐渐显现，一方面，经济的快速增长对劳动力的新增需求在逐渐增加；另一方面，农村新增劳动力转移数量却在逐渐下降，从而导致了近年来中国劳动力市场的“用工荒”现象（卢万青和李未无，2010）。因此为了吸引更多的劳动力，企业必然提高工人的工资待遇，工资的提高必然给企业带来生产成本的增加。第二，输入型成本上升。中国经济的快速发展，使得经济规模迅速扩大，对原材料、能源等自然性资源的需求量大幅度增加，但是由于受到资源禀赋的限制，使得中国对外资源的依存度迅速提高。根据卢峰（2008）的研究表明中国对进口初级品“石油”“铜、铝、铁三种矿物原材料”“食品”“其他”四个子类的增量贡献比的简单平均值占了世界总需求的 53%。2008 年危机后，主要发达国家，特别是美国为了摆脱危机，不断地向市场注入流动性，分别在 2008 年、2010 年、2012 年推出了四次量化宽松货币政策，造成了国际市场的流动性泛滥和美元的持续贬值，致使以美元标价的国际大宗商品价格快速上涨，而国际大宗商品价格的上升必然导致中国进口的原材料价格成本上升。因此在这些成本上升的背景下，最终必然传递到下游的商品价格上，使得最终商品的价格出现上涨。

本章通过对中国通货膨胀率时间序列的观察，并利用 Artis、Bladen－Hovell 和 Denise 等（1995）对通货膨胀周期的划分方法，将 1992 年以来的通货膨胀划分为 5 个周期。接下来对各周期通货膨胀率的变化特征进行描述统计分析，并在此基础上深入的分析各个周期内通货膨胀的成因。虽然各轮通货膨胀周期的表现形式存在很大差异，其主要的成因主要包括国内总需求拉动和国外的供给或成本等的推动。并且随着中央银行货币政策操作的不断完善和成熟，货币政策的有效性得到不断的提高，使得通货膨胀的大幅波动在 1999 年以后得到了有效的控制。但同时也值得注意的是，随着中国加入 WTO，中国经济与国外经济的联系越来越紧密，国外经济冲击对中国通货膨胀的影响逐渐增大，并且在中国汇率制度和利率制度建设并不完善的情况下，加大了治理通货膨胀的难度。虽然以上对各轮通货膨胀周期成因能够在一定程度上解释通货膨胀的形成，但是如果中央银行在制定货币政策能够具有前瞻性，将能够降低通货膨胀持续性的时间，增强货币政策的效果。另外通过观察通货膨胀的时间序列，中国通货膨胀呈现很强的持续性，并且各轮周期通货膨胀持续的时间长短存在很大的差异。这表明仅仅从通货膨胀成因角度来研究通货膨胀的动态特征是不够的，还需要对通货膨胀持续性动态变化进行分析。通货膨胀持续性越强，货币政策滞后时间越长，反通货膨胀的成本越高。因此，要想深入分析通货膨胀动态的决定因素，就需要考察通货膨胀持续性动态变化特征。

5.2 通货膨胀持续性的动态特征分析

5.2.1 通货膨胀持续性动态变化的实证分析

本部分利用卡尔曼滤波方法对时变参数的自回归模型进行估计，得到中国通货膨胀持续性的动态序列。首先解释变量的定义以及数据的来源；然后，检验数据的平稳性，以保证估计结果的可靠性；最后对中国的通货膨胀持续性动态序列进行估计，并分析估计的结果。

5.2.1.1 变量的定义及数据的来源

本书所使用数据为月度数据，样本覆盖1992年第1月~2014年第12月，共276个观测值。通货膨胀率可以采用不同的价格指数进行衡量，如居民消费物价指数（CPI）、零售商品价格指数（RPI）和GDP平减指数①。由于官方没有公布GDP平减指数的月度数据，因此本书选自月度同比CPI指数和RPI指数来衡量通货膨胀率，其计算公式为（CPI-100）×100和（RPI-100）×100，同比CPI和同比RPI数据来源于中国国家统计局网站。

5.2.1.2 模型估计结果及其解释

本部分将利用卡尔曼滤波算法对时变参数自回归模型（方程(3.29)）的进行估计，其中通货膨胀差分项的滞后阶数根据AIC信息准则确定，最终确定为2阶。分别对CPI通货膨胀和RPI通货膨胀

---

① 通常国外学者采用GDP平减指数衡量通货膨胀率。

的时变参数模型采取卡尔曼滤波的方法进行估计，估计结果如表5－2和表5－3所示。

表5－2　　CPI通货膨胀模型的卡尔曼滤波估计结果

参数	参数值	标准差	P值
φ_1	－0.0944	0.0659	0.0519
φ_2	－0.0296	0.0660	0.6534
β_1	0.9841	0.0119	0.0000
β_2	0.9981	0.0015	0.0000
σ_ν^2	0.2144	0.2156	0.0000
$\sigma_{\mu1}^2$	0.0502	0.7058	0.0000
$\sigma_{\mu2}^2$	0.0017	0.3614	0.0000
LogL	－278.1047	AIC	2.0887
SC	2.1812	HQC	2.1258

表5－3　　RPI通货膨胀模型的卡尔曼滤波估计结果

参数	参数值	标准差	P值
φ_1	－0.3674	0.0736	0.0000
φ_2	－0.1822	0.0631	0.0039
β_1	0.9666	0.0148	0.0000
β_2	0.9822	0.0138	0.0000
σ_ν^2	0.0002	0.0013	0.9877
$\sigma_{\eta1}^2$	0.3534	0.4015	0.0234
$\sigma_{\eta2}^2$	0.0122	0.0916	0.0000
LogL	－306.3802	AIC	2.2958
SC	2.3884	HQC	2.3330

表5－2中展示了CPI通货膨胀时变参数自回归模型状态空间描述方程中的参数及误差项的估计值、标准差及对应的相伴概率。除了φ_2在5%显著性水平下不太显著之外，其他参数均显著。另外状态方程（3.30）中参数估计结果在5%的显著性水平显著，说明我们最初假设状态变量服从AR(1)过程是符合实际的。

另外，表5－3展示了RPI通货膨胀时变参数自回归模型的参数估计结果。我们可以发现，除了量测方程的方差项在5%的显著性水平下不显著之外，其他所有的参数的估计结果都非常显著。

状态空间模型中包含两个状态变量，时变截距项μ_t和反应通货膨胀持续性程度参数ρ_t，基于卡尔曼滤波方法对状态变量μ_t和ρ_t进行平滑估计，可以得到反应时变参数变化的动态序列（如图5－2和图5－3所示）①。接下来，重点研究通货膨胀持续性指标ρ_t的变化特征。通过观察图5－2和图5－3，可以发现CPI通货膨胀持续性程度与RPI通货膨胀持续性序列变化的趋势基本相似。大体上，中国通货膨胀持续性呈现出如下的变化特征：

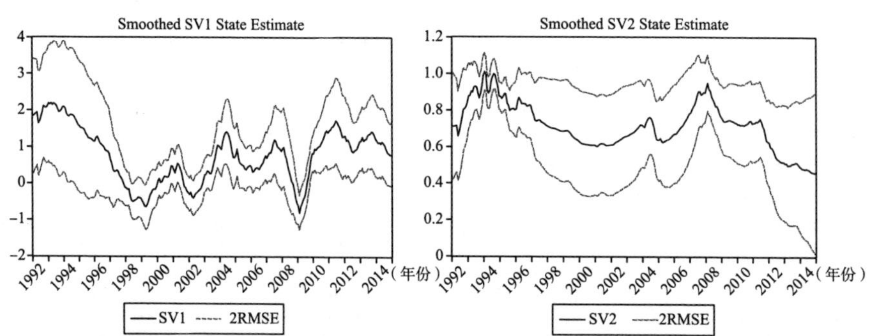

图5－2 基于CPI通胀序列的可变参数μ_t和ρ_t平滑估计结果

① 图5－2和图5－3中状态变量SV1和SV2分别对应μ_t和ρ_t。

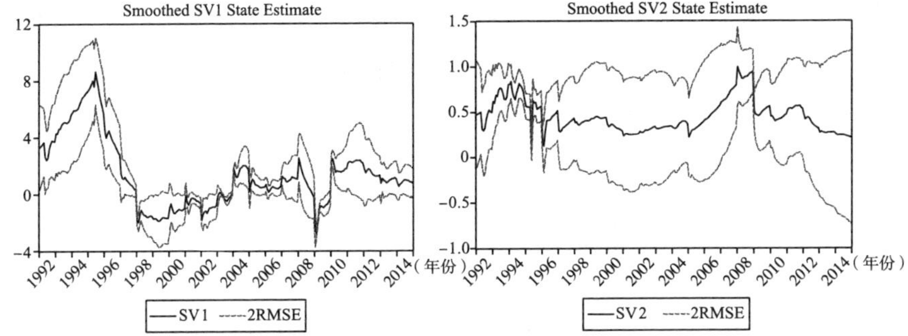

图5-3 基于RPI通胀序列的可变参数 μ_t 和 ρ_t 平滑估计结果

(1) 中国通货膨胀具有显著的持续性特征。样本期内大多数时期CPI通货膨胀持续性程度 ρ_t 都高于0.6的水平，甚至在1994年1月份通货膨胀持续性程度超过1。样本期内CPI通货膨胀持续性程度的均值为0.72，标准差为0.12。相对而言，多数时期RPI通货膨胀持续性程度都低于0.5，明显要低于CPI通货膨胀持续性程度。总体来讲，中国通货膨胀持续性呈现较高的水平。这表明中国通货膨胀持续时间较长，货币政策具有非常明显的滞后效应，为了治理通货膨胀所付出的成本比较高。

(2) 中国通货膨胀持续性呈现上升—下降—再上升—再下降的趋势。通过图5-2和图5-3可以发现，中国通货膨胀持续性的变化大体上呈现两个较大的变化周期。从1992年开始通货膨胀持续性开始明显上升，到1994年达到最高峰，然后开始逐渐下降，到2001年左右达到谷底。从2002~2005年通货膨胀持续性经过一段较长时期平稳变化。然后从通货膨胀持续性又开始逐步地上升，到2008年达到最高峰，但是我们能够发现这一轮通货膨胀持续性上升周期时间比较短，回落的速度非常快，尤其RPI通货膨胀持续性呈现了断崖式的下降。2002年以来通货膨胀持续性水平走低，表明货币政策的时滞效应相对较短，短（即）期效应明显增强。另外，此轮周期较低通货膨胀持续性水平，能够很好地解释通货膨胀的快速上升和下降，也为货币政策由从紧转向适度宽松提供有力的支持。这一结果还表明，考虑到美国金融危机的影响还将持续一段时间，为了推动经济的增长，“适度宽松”的货币政策还有进一步扩展的空间。

（3）反通货膨胀时期，通货膨胀持续性明显下降。通过观察样本期通货膨胀水平（如图5－1所示），可以发现在样本期存在四个反通货膨胀时期：1994～1999年、2004～2006年、2008～2009年、2011～2012年。另外，通过图5－2可以发现在四个反通货膨胀时期，通货膨胀持续性程度下降明显，说明紧缩性的货币政策能够降低通货膨胀持续性程度，进而稳定通货膨胀水平。

（4）高通货膨胀时期，通货膨胀持续性水平高；低通货膨胀时期，通货膨胀持续性水平低。通过图5－1和图5－2可以观察到，1992～1997年期间中国处于高速通货膨胀时期，这一时段通货膨胀持续性程度较高，大多数时期超过0.8。1998～2002年期间中国处于低通货膨胀时期，这一时段通货膨胀持续程度较低，基本处于0.6～0.8之间。2007～2008年通货膨胀时期，通货膨胀持续性程度处于较高的水平。2011年之后，伴随着通货膨胀不断地下降，通货膨胀持续性水平也显著性的降低。这表明高通货膨胀时期，通货膨胀预期带有很大不确定性和高通货膨胀预期，进而导致货币政策较高的时滞性；而通胀的紧缩期和下降期，通货膨胀预期相对比较稳定，货币政策具对较小的时滞性。

5.2.2 通货膨胀持续性动态变化原因分析

根据上边实证分析的结果，可以发现中国的通货膨胀持续性呈现明显动态变化。一方面中国通货膨胀持续性水平仍然处于较高的水平。另一方面近些年来通货膨胀持续性水平有所下降。

5.2.2.1 通货膨胀持续性水平较高的原因分析

Fuher（1995）对通货膨胀持续性的原因进行了总结，归纳起来可以分成三个方面：第一，工资或价格契约中存在刚性；第二，公众心理预期的缓慢调整；第三，央行的公信力低。结合中国当前的现实，本书认为造成中国通货膨胀持续性较高的原因可能有以下几点：首先，中国企业价格设定更多依赖于其过去的价格水平，即定价具有明显的后顾性的特征。现实过程中，一部分企业在设定价格时，依赖于过去的信息；而另外一些则依赖未来的信息。这就导致了并不是所有的企业同时调整价格，这种价格黏性必然会导致通货膨胀调整存在持续性。其次，公众心理预期调整比较缓慢。如果企业能够对未来拥有完美的遇见，即理性预期，那么这种行为将不会造成通货膨胀的持续性。但是由于中国经济正处于转轨阶段，中国企业没有能力或者不愿意花费更多的成本收集到各种冲击的信息，这将有可能导致企业的预期出现偏差。如果经济行为主体对某种冲击学习和认识的过程越长，那么通货膨胀持续的时间就会比较长。最后，中国货币政策的相机抉择的特性可能是导致通货膨胀持续性的一个原因。通货膨胀通常表现为一种货币现象，它的产生是与持续的货币密不可分的。然而中国货币政策具有相机抉择的特性，中央银行依据对经济情势的判断，为达成既定的货币政策目标而采取的权衡性措施。由于相机抉择的最优货币政策通常假定公众通货膨胀预期是给定的，中国经济行为主体预期受过去通货膨胀和经济波动的影响，其调整具有滞后性。如果中央银行不增加货币供给以部分适应公众通货膨胀调整的滞后性，经济就可能呈现下滑的趋势。为了避免经济的急剧下滑，货币供给被迫部分适应公众预期的滞后调整。这将导致通货膨胀进一步上升，并且会持续较长一段时期。

5.2.2.2 通货膨胀持续性下降原因分析

2002～2008年期间通货膨胀持续性相对比较稳定，并显著低于20世纪90年代的水平，呈现了明显的下降趋势。这表明中国通货膨胀收敛于均衡水平的速度加快，货币政策滞后时间缩短，货币政策效果大大增强。造成通货膨胀持续性下降的可能原因有：第一，货币政策机制的改变。自从90年代以来，中国货币机制发生了明显的改善。1995年通过《中华人民共和国中国人民银行法》，以立法形式确立中国人民银行作为央行的地位，同时明确物价稳定是央行最重要的货币政策目标。1998年中央银行宣布取消信贷规模限额控制，并恢复公开市场业务，标志货币政策的调控方式从以往指令计划向间接调控模式转变。正是由于中国货币政策的系统性改进，导致通货膨胀持续性的下降。第二，中央银行的货币政策的透明度的提高。近些年，中国央行通过加强与社会公众的沟通，货币政策透明度明显改善，中央银行的公信力和声誉有了很大程度提高（张鹤、张代强和姚远等；贾德奎，2010）。例如，1996年后中央银行开始向社会公布货币供应量目标，这在一定程度上向市场传递一个有关未来货币供给和通货膨胀信号，公众根据货币控制目标公布中获得信息以及从有关货币供给增长和通货膨胀的历史记录中获取信息并形成自己的通货膨胀预期，这将有助于通货膨胀持续性的下降。此外，自2001年一季度开始，中国人民银行按季度向社会公布《中国货币政策执行报告》，向社会公众阐述货币政策操作规则，披露下一步货币政策取向以及对未来经济形势进行预测和展望。通过这一系列措施加强与社会公众的沟通，不断提高货币政策透明度，较好地引导了公众心理预期，增强了各方对货币政策的理解和支持，使得通货膨胀预期与过去实际通货膨胀率的相关性逐渐减弱，进而使通货膨胀偏离其均衡状态的时间缩短，最终导致通货膨胀持续性的下降。

5.3 本章小结

本章通过对中国CPI通货膨胀序列的描述统计分析，观察通货膨胀率的动态变化，然后利用Artis、Bladen - Hovell和Denise等（1995）的方法对中国通货膨胀进行了周期的划分，并对中国通货膨胀周期波动的原因进行了解释。接下来利用1992年1月~2014年12月的CPI和RPI通货膨胀数据，构建时变参数的自回归模型，基于卡尔曼滤波的方法对中国通货膨胀持续性程度进行了测度。研究结果表明：第一，样本期间内中国通货膨胀持续性呈现明显的动态变化特征，大体表现先上升，后下降，再上升，再下降的波动规律；第二，反通货膨胀时期通货膨胀持续性水平显著下降；第三，高通货膨胀时期，通货膨胀持续性水平高；低通货膨胀时期，通货膨胀持续性水平低。由于通货膨胀持续性的动态变化特征，这就要求中国央行在调整货币政策时要考虑到不同时期的通货膨胀持续性水平差异。

第6章 中国通货膨胀持续性区域差异分析

中国是一个地域辽阔的国家，不同地理区域价格设定机制的不同，进而通货膨胀的波动和持续性会存在很大的差异。因而分析不同地理区域的通货膨胀持续差异，对中国货币政策的制定具有重要的意义。本章将利用省际区域数据以及城市和农村的数据对于中国通货膨胀持续性进行研究。首先，对于不同地理区域通货膨胀持续性进行了测度。其次，利用未知结构突变检验的方法对不同地理区域的通货膨胀的结构突变进行的检验。最后，引入一个因子分析模型对于不同地理区域通货膨胀持续性的差异进行了解释。

6.1 数据来源及分析

为了反映不同区域通货膨胀持续性的差异，本章选取省际 CPI 数据（主要包括中国大陆地区 22 个省份、5 个自治区以及 4 个直辖市）以及城市和农村同比 CPI 数据作为研究对象，数据来源于 WIND 资讯。对于不同区域通货膨胀率采用如下公式 $\pi_{it} = 100 \times (CPI_{it} - 1)$ 进行计算，其中 CPI_{it}对应第 t 期不同区域的同比 CPI。省际以及城市和农村通货膨胀率的样本区间范围为 1994 年 1 月 ~2014 年 12 月，共包含 252 观测值。由于重庆直辖市成立于 1997 年，样本区间范围为

1998 年 1 月 ~2014 年 12 月；西藏自治区和新疆维吾尔自治区的数据存在缺失，样本区间范围分别为 1999 年 1 月 ~2014 年 12 月、1994 年 7 月 ~2014 年 12 月。

图 6-1 展示了 31 个省、自治区及直辖市通货膨胀率在样本区间内动态变化趋势。通过观察图 6-1，可以发现大多数省、自治区及直辖市通货膨胀率呈现相似的变化趋势，1994 年中期通货膨胀率达到峰值，然后开始快速的下降，自 1998 年之后通货膨胀率逐渐趋于平稳。虽然各个省、自治区及直辖市通货膨胀率表现大体相似的趋势，不过仔细观察图 6-1，我们也能够发现不同区域通货膨胀率存在明显的差异，例如，上海通货膨胀率的波动要比北京提前几个月的时间，并且不同省、自治区及直辖市通货膨胀的波动幅度也存在很大的差异。

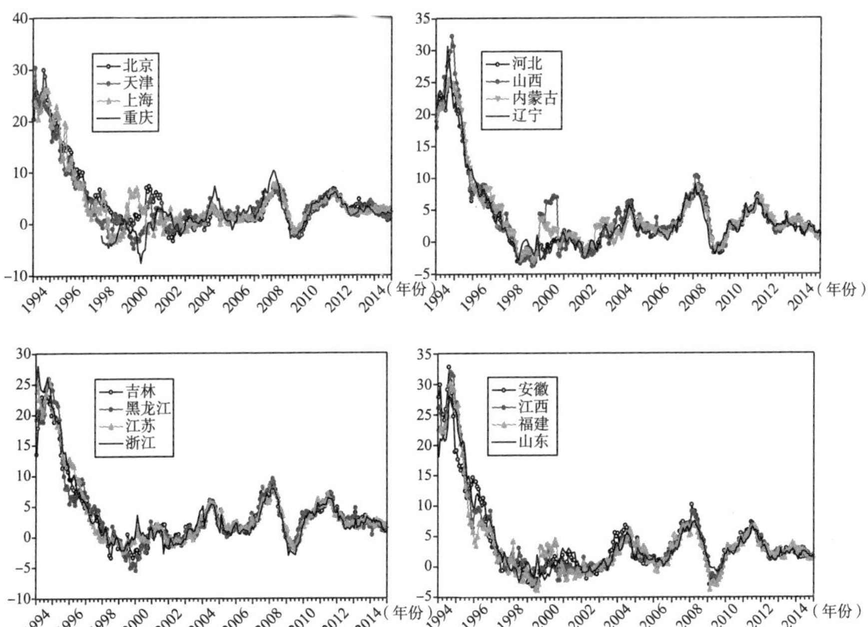

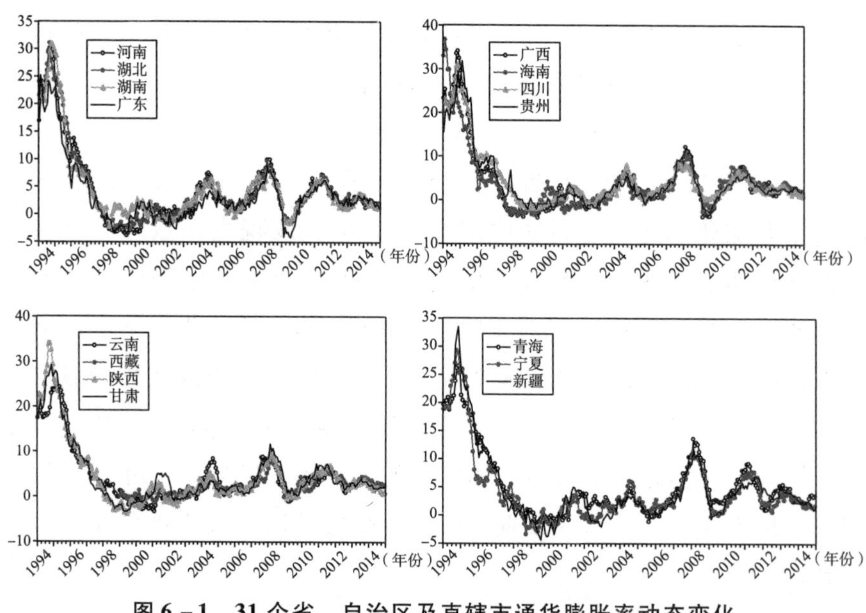

图6-1　31个省、自治区及直辖市通货膨胀率动态变化

为了进一步展示不同区域CPI通胀率的统计分布特征，我们绘制了31个省、自治区及直辖市通货膨胀率的箱线图，如图6-2所示。图6-2展示的结果表明大多数省、自治区及直辖市CPI通胀率的均值大于中值，表明呈现明显右偏分布。图6-2还显示出各个省、自治区及直辖市CPI通胀率的变动区间及波动程度情况，这些结果说明不同省、自治区及直辖市CPI通胀率统计分布特征的差异是非常明显的。

图6-3展示了农村和城市通货膨胀率在样本区间内动态变化趋势以及分布特征。通过观察图6-3，可以发现农村和城市通货膨胀率呈现相似的变化趋势。相对而言，农村平均通胀率高于城市，并且波动幅度也略高于城市。

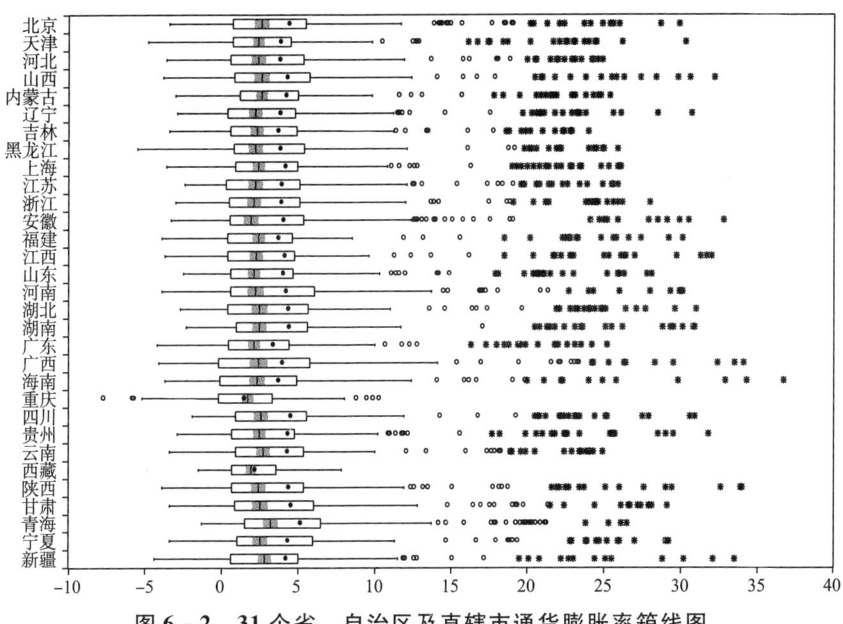

图 6－2　31 个省、自治区及直辖市通货膨胀率箱线图

注：图 6－2 中省、自治区及直辖市 CPI 通胀率的均值（以 * 表示）、中值（以横线表示）、中值 95% 置信区间的上下界限（阴影部分表示）、序列的偏值（以浮点表示）。

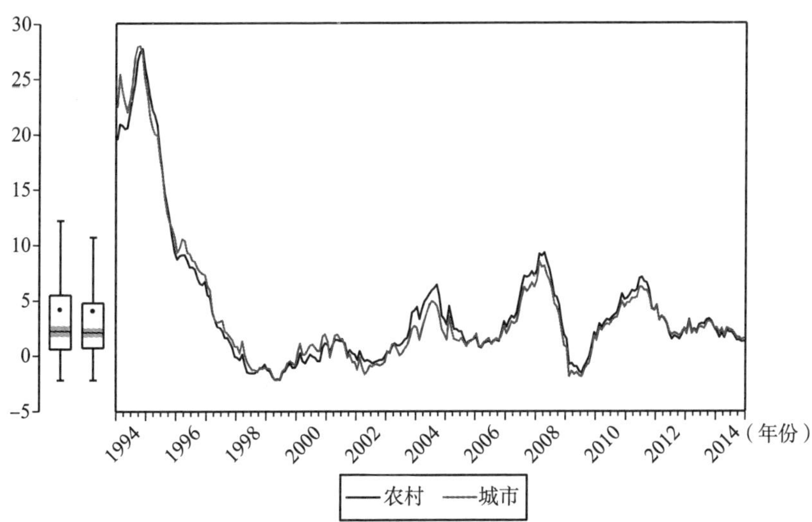

图 6－3　农村和城市通货膨胀率趋势图及箱线图

6.2 区域通货膨胀持续性的测度

在估计区域通货膨胀持续性测度之前，我们先对通货膨胀序列是否存在单位进行检验。为了保证检验结果可靠性，同时 LLC 检验（Levin，Lin & Chu，2002）和 IPS 检验（Im，Pesaran & Shin，2003）两种面板单位根检验方法。两种方法是以存在单位根作为原假设。具体的检验结果如表 6－1 所示。通过表 6－1 可以发现，两种区域数据在 LLC 检验和 IPS 检验中都显著拒绝了存在单位根的原假设。然而，这些检验不能发现通货膨胀持续性的变化。下面我们将对不同区域通货膨胀持续性程度进行测度。

表 6－1　　区域通货膨胀序列单位根检验结果

项目		检验统计量值	P 值
LLC 检验	省际数据	－13.6699	0.0000
	农村和城市数据	－4.4247	0.0000
IPS 检验	省际数据	－11.8112	0.0000
	农村和城市数据	－3.7604	0.0001

注：LLC 检验和 IPS 检验中滞后阶数依据 AIC 准则自动选取。

为了比较不同区域通货膨胀持续性的差异，我们选择总体通货膨胀持续性作为对比的基准。通过表 6－2 可以发现，在 1994 年 1 月～2014 年 12 月样本期内总体通货膨胀持续性程度达到 0.97，接近一个随机游走的过程。进一步观察，可以发现大多数区域的通货膨胀持续性程度都处于较高的水平，其均值略低总体通货膨胀持续性水平。为了进一步比较不同区域通货膨胀持续性程度之间的差异，根据国家统计局对于中国经济区域的划分，将划分东部地区、中部地区和西部地区①。通过计算东部、中部和西部地区通货膨胀持续性的均值，可以发现西部地区通货膨胀持续性程度较高②，西部次之，而东部地区通货膨胀持续性最低。这些结果表明，西部各地区通货膨胀受到冲击之后，偏离其均衡水平的时间最长，原因在于中国西部地区经济落后，市场发展不够完善。相对于西部地区而言，东部地区通货膨胀受到冲击之后，偏离其均衡水平时间要短一些，原因在于东部地区经济发达，金融体系相对比较完善。表 6 – 3 中展示了农村和城市区域通货膨胀持续性水平，可以发现农村的通货膨胀持续性程度略高城市，表明受到冲击之后农村通货膨胀持续的时间更长，这表明货币政策在农村的滞后效应更加明显。

表 6 – 2　　　　省际及全国 CPI 通胀率持续性估计结果

项目	最小二乘估计	Bootstrap 中值无偏	均值回归频率
北京	0.9643	0.9536	0.9482
天津	0.9532	0.9419	0.9004
河北	0.9694	0.9642	0.9482
山西	0.9673	0.9613	0.9522
内蒙古	0.9737	0.9789	0.9721
辽宁	0.9660	0.9367	0.9402
吉林	0.9697	0.9448	0.9327
黑龙江	0.9698	0.9682	0.9327
上海	0.9563	0.9755	0.9562

① 根据中国卫生统计年鉴，东部地区包括北京、天津、河北、辽宁、上海、江苏、浙江、福建、山东、广东、海南 11 个省（直辖市），中部地区包括黑龙江、吉林、山西、安徽、江西、河南、湖北、湖南 8 个省，西部地区包括内蒙古、广西、重庆、四川、贵州、云南、西藏、陕西、甘肃、青海、宁夏、新疆 12 个省（自治区、直辖市）。

② 由于西部地区中重庆、新疆和西藏的样本数据不全，均值计算过程去剔除了这三个地区的数据。

续表

项目	最小二乘估计	Bootstrap 中值无偏	均值回归频率
江苏	0.9650	0.9688	0.9641
浙江	0.9579	0.9678	0.9402
安徽	0.9539	0.9357	0.9482
福建	0.9649	0.9745	0.9084
江西	0.9657	0.9583	0.9482
山东	0.9730	0.9623	0.9641
河南	0.9753	0.9744	0.9641
湖北	0.9768	0.9684	0.9562
湖南	0.9732	0.9761	0.9562
广东	0.9487	0.9401	0.9163
广西	0.9730	0.9655	0.9562
海南	0.9230	0.9298	0.9163
重庆	0.9340	0.9400	0.9163
四川	0.9752	0.9557	0.9641
贵州	0.9693	0.9553	0.9562
云南	0.9780	0.9704	0.9602
西藏	0.9408	0.9532	0.9282
陕西	0.9741	0.9552	0.9641
甘肃	0.9748	0.9734	0.9641
青海	0.9741	0.9694	0.9641
宁夏	0.9727	0.9787	0.9562
新疆	0.9508	0.9517	0.9482
全国	0.9781	0.9724	0.9721
简单均值	0.9640	0.9611	0.9466

注：此处重庆样本区间范围为 1998 年 1 月 ~ 2014 年 12 月；西藏自治区和新疆维吾尔自治区样本区间范围分别为 1999 年 1 月 ~ 2014 年 12 月、1994 年 7 月 ~ 2014 年 12 月。

表6-3　　城市和农村CPI通胀率持续性估计结果

项目	最小二乘估计	Bootstrap 中值无偏	均值回归频率
城市	0.9752	0.9656	0.9721
农村	0.9806	0.9730	0.9482
简单均值	0.9779	0.9693	0.9605

6.3　区域通货膨胀持续性的结构突变检验

上一部分我们对不同区域的通货膨胀持续性程度进行了测度，发现大多数区域的通货膨胀持续性处于较高的水平。鉴于20世纪90年代以来中国央行的行为方式，货币政策机制已经发生明显变化。这将有可能导致区域通货膨胀持续性产生显著的结构突变，下边我们将利用Quandt-Andrews未知突变点检验的方法对中国不同区域通货膨胀持续性进行结构突变检验。在检验过程我们使用Wald F统计量进行判定，设定修边为10%，并采用Hansen（1997）的方法计算各统计量对应的渐进p值。具体检验结果如表6-4所示。

表6-4　　省际及全国CPI通胀率结构突变检验

省际CPI	总体系数	常数项	一阶滞后项
安徽	8.0843 (1996m5)	4.8893 (1996m5)	3.0901 (1996m8)
山西	17.5717*** (1999m10)	2.1854 (1996m9)	7.2134 (1996m10)
北京	9.4009 (1996m4)	6.1643 (1996m5)	4.9732 (1996m5)
重庆	13.0995 (2000m7)	7.9562* (2000m6)	4.4300 (2000m6)

续表

省际 CPI	总体系数	常数项	一阶滞后项
福建	15.4033 ** (1996m5)	1.1972 (1999m8)	6.1126 (1997m1)
甘肃	3.6345 (1996m5)	3.6345 (1996m5)	3.5514 (1996m8)
广东	12.5727 (2000m3)	2.1815 (1999m7)	1.3616 (1996m6)
广西	10.6670 (1996m5)	2.3297 (1996m9)	5.2838 (2008m3)
贵州	4.2019 (1997m1)	3.3651 (1996m11)	3.4376 (1997m1)
海南	5.0308 (2003m8)	4.3880 (2003m3)	1.6794 (2003m11)
河北	14.2324 * (2012m4)	2.4797 (1999m6)	3.4534 (2011m10)
黑龙江	15.4051 ** (2011m11)	2.1569 (2000m2)	3.4251 (2011m10)
河南	16.7644 (1996m5)	4.3158 (1996m5)	3.3657 (1996m5)
湖北	9.3713 (2011m11)	3.3948 (1998m6)	2.3905 (1996m5)
湖南	9.4175 (1998m6)	1.1557 (1996m5)	3.5621 (1996m10)
江苏	9.3112 (2011m11)	3.5358 (1996m5)	2.6351 (1996m5)
江西	10.2640 (1997m1)	2.2611 (1997m1)	6.3376 (1997m1)
吉林	7.8342 (1998m8)	1.5477 (1996m9)	3.5685 (1996m9)
辽宁	8.4869 (2011m8)	1.7778 (1996m4)	3.9228 (1996m9)
内蒙古	10.2754 (1996m6)	2.0042 (1996m10)	5.9506 (1996m10)

续表

省际 CPI	总体系数	常数项	一阶滞后项
宁夏	6.9773 (2009m3)	1.7240 (1996m10)	3.3976 (1996m10)
青海	6.1519 (1996m4)	4.1576 (1996m4)	3.7178 (1996m4)
山东	8.4225 (2012m2)	4.7694 (1996m4)	6.1898 (1996m9)
上海	5.7924 (1998m6)	10.5267** (1996m5)	6.6008 (1996m5)
四川	13.8308* (1996m4)	2.0660 (1996m8)	3.0596 (1997m3)
天津	17.8240* (1996m9)	2.3731 (1997m2)	4.1038 (1997m2)
新疆	4.3690 (1999m8)	3.6547 (2000m5)	1.1194 (2006m8)
西藏	30.3361*** (2003m5)	8.4946* (2003m5)	23.5363*** (2003m8)
云南	12.4386 (1996m5)	3.4678 (1996m5)	5.0770 (1996m5)
浙江	6.9864 (2011m11)	2.6502 (1999m5)	2.5683 (1996m5)
陕西	13.0069 (1996m7)	3.3414 (1996m7)	4.2320 (1996m7)
全国	42.6334*** (1995m6)	15.8010*** (1995m6)	13.2377*** (1995m6)

注：①*、** 和 *** 分别表示在 10%、5% 和 1% 的显著水平下拒绝存在突变的假设。②括号内为 Wald F 统计量对应的突变时点。

表 6－4 展示了总体及各区域通胀率 AR 模型进行 Quandt－Andrews 未知突变点检验所得到的最大 Wald F 统计量的值。根据表 6－4 所展示的结果，我们可以发现，总体 CPI 通胀率 AR 模型中的总体系数、截距项以及一阶滞后项系数在 1% 的显著性水平上都拒绝没有发生结构突变的原假设。这表明总体 CPI 通胀率通货膨胀持续性 1992～

2014年发生显著的结构性突变，突变时点发生在1995年6月。不过对于不同省际区域CPI通胀率，仅有陕西、福建和黑龙江总体系数在5%的显著性水平下拒绝没有发生结构突变的原假设，其他的地区在各个系数上均不能没有发生结构突变的原假设，这表明对于省际区域的通货膨胀持续性并没有发生显著的结构突变。另外表6－5给出城市和农村区域结构突变检验的结果，可以发现城市和农村区域的总体系数在1%的显著性水平上拒绝没有发生结构突变的原假设，但是其一阶滞后项并不能拒绝没有发生结构突变的假设。综上所述，虽然根据结构突变检验的结果，区域通货膨胀没有发生显著的结构突变，但是这种变化可能是以渐进的方式发生的，而没有发生一次性的结构突变。因此，下面我们将对1996年之后不同区域的通货膨胀持续性进行了重新测度，以此来观察区域通货膨胀持续性的变化。

表6－5　　城市和农村CPI通胀率结构突变检验

项目	总体系数	常数项	一阶滞后项
城市	22.4433*** (1996m5)	2.0928 (1996m5)	4.1765 (1996m5)
农村	23.2129*** (1996m5)	2.3630 (1996m5)	4.1513 (2008m3)

注：①*、**和***分别表示在10%、5%和1%的显著水平下拒绝存在突变的假设。②括号内为Wald F统计量对应的突变时点。

表6－6显示了1996年之后省际CPI通胀率通货膨胀持续性的估计结果。通过表6－6可以发现三种方法测度省际区域通货膨胀持续性在1996年后通货膨胀持续性程度呈现一定程度的下降，但下降的幅度不是很大，仍然保持较高的水平。不过不同区域通货膨胀持续性下降程度存在一定的差异，其中上海市1996年后通货膨胀持续性程度下降的幅度最大，而河北省下降的幅度相对较小。另外表6－7中城市和农村区域数据也显示了相似的结果。综上所述，这些结果表明

1996 年区域通货膨胀持续性并没有发生明显的变化，这与我们前边通货膨胀持续性结构突变检验的结果是一致的。

表 6-6　　1996 年后省际 CPI 通胀率持续性估计结果

项目	最小二乘估计	Bootstrap 中值无偏	均值回归频率
北京	0.9280	0.9297	0.9339
天津	0.9002	0.9222	0.8722
河北	0.9479	0.9339	0.9251
山西	0.9171	0.9552	0.8899
内蒙古	0.9399	0.9589	0.9119
辽宁	0.9277	0.9017	0.8997
吉林	0.9287	0.9275	0.9251
黑龙江	0.9519	0.9548	0.9163
上海	0.9076	0.9198	0.8722
江苏	0.9448	0.9486	0.9119
浙江	0.9335	0.9417	0.9075
安徽	0.9253	0.9153	0.8722
福建	0.9177	0.9641	0.9031
江西	0.9257	0.9436	0.8987
山东	0.9329	0.9413	0.8818
河南	0.9551	0.9484	0.9207
湖北	0.9566	0.9429	0.9339
湖南	0.9398	0.9493	0.9251
广东	0.9252	0.9364	0.8458
广西	0.9503	0.9696	0.9119
海南	0.9462	0.9464	0.8943
四川	0.9617	0.9616	0.9075
贵州	0.9463	0.9602	0.8943
云南	0.9474	0.9568	0.9251

续表

项目	最小二乘估计	Bootstrap 中值无偏	均值回归频率
陕西	0.9425	0.9551	0.8943
甘肃	0.9552	0.9551	0.9339
青海	0.9513	0.9542	0.9251
宁夏	0.9437	0.9350	0.8722
简单均值	0.9375	0.9439	0.9038

注：此处测度通货膨胀持续性过程中剔除了重庆、新疆和西藏的数据。

表 6－7　1996 年后城市和农村 CPI 通胀率持续性估计结果

项目	最小二乘估计	Bootstrap 中值无偏	均值回归频率
城市	0.9527	0.9573	0.8899
农村	0.9626	0.9818	0.9427
简单均值	0.9577	0.9696	0.9163

6.4　区域通货膨胀持续性差异进一步解释

前面分析中不同区域 CPI 通货膨胀持续性存在一定的差异，并且区域通货膨胀持续性没有发生显著性的变化，到底是什么原因造成了这种差异，这将是我们进一步分析的关键所在。首先，假定区域通货膨胀水平受到两个因子的影响：一个是针对所有区域的共同因子，主要反映于货币政策和宏观经济环境（包括总需求和技术冲击）的影响；另外一个是特殊因子，主要反映于特定区域的影响。不同区域通货膨胀持续性变化可能由于某个因子或者两个因子共同的影响。然后我们利用 Stock 和 Watson（2002）的简单的因子模型，将区域通货膨胀分解为共同因子和特殊因子。在实际应用中，我们将第一个主成分作为共同因子。对于每一个区域的通货膨胀受到共同因子 F_t 和特殊

因子 e_{it} 的影响，可以表示为：

$$\pi_{it} = \lambda_i F_t + e_{it} \tag{6.1}$$

其中，F_t 为利用主成分分析方法提取的第一个主成分作为共同因子，λ_i 为对应的因子载荷值。

接下来我们将利用因子分析的方法提取区域通货膨胀的共同因子和特殊因子。由于区域通货膨胀数据中重庆、西藏和新疆的数据不全，本部分在分析的过程中去除了这些数据。在进行因子分析之前，我们首先计算各区域 CPI 通货膨胀率之间的 Person 相关系数①，可以发现大多数相关系数大于 0.9，并且在 1% 的显著性水平下显著。同时进行严格的 KMO 抽样适当性检验和 Bartlett 球形度检验，检验的结果如表 6 – 8 所示。通过表 6 – 8 可以发现，KMO 值大于 0.9，并且 Bartlett 球形度检验在 1% 的显著性水平下拒绝原假设，这表明可以进一步进行因子分析。

表 6 – 8　　区域通货膨胀率 KMO 及 Bartlett 球形度检验结果

取样足够度的 Kaiser – Meyer – Olkin 度量		0.963
Bartlett 的球形度检验	近似卡方	23311.01
	自由度	378
	P 值	0.000

表 6 – 9 列出利用主成分分析方法提取出一个公共因子，该公共因子解释了原始数据总方差的 94.77%。另外可以发现绝大多数区域在该公共因子上的载荷值大于 0.9，说明该公共因子可以解释原始数据中包含的大部分信息，提取的结果是可以接受的。

---

① 由于篇幅所限，这里没现有显示计算得到的相关系数。

表 6－9　　解释的总方差（区域通货膨胀率）

成分	初始特征值			提取平方和载入		
	合计	方差的（%）	累积（%）	合计	方差的（%）	累积（%）
1	26.536	94.771	94.771	26.536	94.771	94.771
2	0.312	1.114	95.886			
3	0.235	0.839	96.725			
4	0.176	0.627	97.352			
5	0.130	0.463	97.815			
6	0.111	0.395	98.210			
7	0.086	0.307	98.517			
8	0.066	0.234	98.752			
9	0.051	0.180	98.932			
10	0.043	0.153	99.085			
11	0.030	0.108	99.193			
12	0.027	0.097	99.290			
13	0.025	0.090	99.380			
14	0.023	0.083	99.463			
15	0.021	0.076	99.539			
16	0.019	0.068	99.608			
17	0.015	0.054	99.662			
18	0.015	0.054	99.715			
19	0.013	0.048	99.763			
20	0.012	0.043	99.806			
21	0.011	0.039	99.845			
22	0.010	0.036	99.882			
23	0.009	0.033	99.915			
24	0.007	0.024	99.939			
25	0.005	0.019	99.958			

续表

成分	初始特征值			提取平方和载入		
	合计	方差的（%）	累积（%）	合计	方差的（%）	累积（%）
26	0.005	0.017	99.975			
27	0.004	0.014	99.989			
28	0.003	0.011	100.000			

根据上述的因子分析过程可以得到公共因子的得分序列。通过对方程（6.1）进行 OLS 回归，可以分析共同因子对不同区域通货膨胀的影响程度。表 6－7 中估计得到 1994 年 1 月 ~2014 年 12 月和 1996 年 1 月 ~2014 年 12 月的因子载荷值和判定系数 R^2 的值。通过表 6－10 可以发现，1996 年 1 月至 2014 年 12 月期间判定系数 R^2 呈现一定程度下降的趋势，这表明共同因子对于区域通货膨胀解释能力有所下降。其中北京市下降幅度最大，从 0.886 下降到 0.662。这在一定程度上解释了我国不同省际区域的通货膨胀持续性一直处于较高水平的原因。

表 6－10　　共同因子对于区域通货膨胀的作用

项目	1994 年 1 月 ~2014 年 12 月		1996 年 1 月 ~2014 年 12 月	
	因子载荷	R^2	因子载荷	R^2
北京	0.941***	0.886	0.750***	0.622
天津	0.967***	0.935	0.889***	0.790
河北	0.991***	0.981	0.969***	0.940
山西	0.966***	0.934	0.860***	0.739
内蒙古	0.984***	0.968	0.916***	0.839
辽宁	0.986***	0.972	0.946***	0.896
吉林	0.981***	0.963	0.942***	0.888

续表

项目	1994 年 1 月 ~2014 年 12 月		1996 年 1 月 ~2014 年 12 月	
	因子载荷	R^2	因子载荷	R^2
黑龙江	0.974 ***	0.950	0.905 ***	0.820
上海	0.952 ***	0.906	0.799 ***	0.638
江苏	0.990 ***	0.980	0.969 ***	0.938
浙江	0.986 ***	0.973	0.960 ***	0.921
安徽	0.967 ***	0.936	0.945 ***	0.893
福建	0.970 ***	0.941	0.872 ***	0.761
江西	0.986 ***	0.972	0.947 ***	0.897
山东	0.989 ***	0.978	0.951 ***	0.905
河南	0.982 ***	0.965	0.964 ***	0.929
湖北	0.992 ***	0.984	0.973 ***	0.947
湖南	0.978 ***	0.957	0.914 ***	0.836
广东	0.980 ***	0.960	0.936 ***	0.877
广西	0.978 ***	0.956	0.917 ***	0.841
海南	0.930 ***	0.865	0.842 ***	0.708
四川	0.985 ***	0.970	0.931 ***	0.867
贵州	0.964 ***	0.930	0.928 ***	0.861
云南	0.945 ***	0.893	0.893 ***	0.797
陕西	0.987 ***	0.975	0.958 ***	0.917
甘肃	0.974 ***	0.949	0.914 ***	0.835
青海	0.955 ***	0.912	0.874 ***	0.764
宁夏	0.973 ***	0.946	0.906 ***	0.821

注：*** 表明对方程（6.1）进行回归过程中不同区域的因子载荷在 1% 水平上是显著的。

区域特殊因子序列 e_{it} 可以通过上述回归的残差序列进行表示。接下来我们将利用先前的方法分别计算区域共同因子序列和特殊因子序列持续性进行测度。表 6－11 中报告了共同因子和区域特殊因子持续性的估计结果。通过表 6－11 可以发现，1996 年后共同因子持续性有了一定程度下降，但是下降幅度不是很大，仍然处于较高的水平。对于区域特殊因子的持续性，不同区域之间存在很大的差异，辽宁、吉林特殊因子的持续性相对较低，而北京、青海等地特殊因子的持续性较高。另外我们也发现区域特殊因子的持续性并没有形成朝某一个方向的明显的变动趋势。在一些区域特殊因子的持续性呈现下降的趋势，而另外一些区域则呈现上升的趋势。

表 6－11　　区域共同因子和特殊因子的持续性估计结果

项目		1994 年 1 月～2014 年 12 月		1996 年 1 月～2014 年 12 月	
		最小二乘估计	Bootstrap 中值无偏估计	最小二乘估计	Bootstrap 中值无偏估计
共同因子		0.9785	0.9813	0.9523	0.9684
特殊因子	北京	0.9203	0.9374	0.9276	0.9256
	天津	0.7079	0.8282	0.7614	0.8584
	河北	0.7295	0.7816	0.7520	0.7159
	山西	0.8294	0.9325	0.8464	0.9291
	内蒙古	0.7974	0.9006	0.8154	0.9293
	辽宁	0.6374	0.7017	0.6658	0.7186
	吉林	0.6345	0.7312	0.7169	0.7346
	黑龙江	0.8523	0.8279	0.8503	0.7906
	上海	0.8021	0.8840	0.8685	0.8891
	江苏	0.7795	0.7799	0.8167	0.7899
	浙江	0.7789	0.8207	0.7758	0.8649
	安徽	0.8311	0.7815	0.8197	0.7788
	福建	0.8421	0.8634	0.7571	0.7971
	江西	0.7147	0.7484	0.6611	0.6985

续表

项目		1994年1月~2014年12月		1996年1月~2014年12月	
		最小二乘估计	Bootstrap中值无偏估计	最小二乘估计	Bootstrap中值无偏估计
特殊因子	山东	0.6959	0.8157	0.7787	0.8367
	河南	0.8554	0.8467	0.8772	0.8527
	湖北	0.7859	0.8214	0.8487	0.8632
	湖南	0.8522	0.9436	0.8540	0.9312
	广东	0.6897	0.7877	0.7705	0.8224
	广西	0.8436	0.8298	0.8563	0.8665
	海南	0.8071	0.8309	0.8497	0.8040
	四川	0.8308	0.8326	0.8677	0.8542
	贵州	0.7532	0.7478	0.7183	0.7835
	云南	0.8945	0.9227	0.8634	0.8511
	陕西	0.7383	0.8463	0.7893	0.8593
	甘肃	0.8453	0.9443	0.9040	0.9662
	青海	0.9097	0.9324	0.9206	0.9312
	宁夏	0.8504	0.8403	0.8349	0.8625

综合上述结果表明，共同因子仍然是影响区域通货膨胀持续性的主导因素。由于共同因子的持续性并没有发生显著的变化，区域通货膨胀持续性变化幅度不大，一直处于较高的水平。这在一定程度上说明，经济结构调整以及货币政策的变换对区域通货膨胀持续性的影响是非常有限的。

6.5 本章小结

本章利用我国省际以及城市和农村的月度CPI通货膨胀数据对于

区域通货膨胀持续性进行了测度，目的是分析不同区域通货膨胀持续性的差异。研究结果表明，大多数区域通货膨胀持续性程度处于一个较高的水平，并且不同区域的通货膨胀持续性程度存在一定差异。同时，我们还利用 Quandt – Andrews 未知突变点检验方法对不同区域的通货膨胀持续性的结构突变进行了检验，检验结果表明我国区域通货膨胀持续性并没有发生显著的结构突变。最后引入了一个因子分析的模型对于不同区域通货膨胀持续性的差异进一步进行了解释，共同因子是驱动区域通货膨胀持续性的主要因素。

第7章　中国通货膨胀持续性影响因素分析

前面几章的经验分析结果表明，中国通货膨胀呈现较高的持续性，那么究竟是什么因素导致这种高持续性将是本章探讨的主题。本章首先对不同冲击影响通货膨胀持续性的路径进行分析，然后结合中国经验数据，基于SVAR模型中脉冲响应函数和方差分解的方法，对四种冲击影响中国通货膨胀持续性程度进行实证检验。

7.1　通货膨胀持续性影响因素

通货膨胀持续性是指“受到冲击之后，通货膨胀返回其均衡水平的时间或者速度”。现实中，冲击是多样化的，通货膨胀对于冲击的响应往往存在着明显的差异（Fuhrer，1995）。20世纪70年代美国经济陷入滞胀，学者们分析其原因时发现，主要是受到货币冲击和需求冲击共同影响而导致的，但是当时治理通货膨胀的主要措施却是针对供给冲击的（Fischer，1983）。因此，理解不同类型冲击导致的通货膨胀持续性是治理通货膨胀的关键所在。现有文献对影响中国通货膨胀的冲击类型进行了广泛的研究。其中，一些学者强调需求冲击是影响中国通货膨胀的主要因素（陈丹丹和任保平，2008），而另外一些学者则认为供给冲击对于中国通货膨胀的影响更为重要（李稻葵，

2008)。周其仁（2010）则反复强调通货膨胀是一种货币现象，货币冲击造成中国通货膨胀的主要因素。中国经济增长与宏观稳定课题组（2008）应用扩展的菲利普斯曲线与 VAR 模型，分析国际大宗商品的价格波动、全球流动性的变化等外部冲击对中国通货膨胀的影响。傅强和朱映凤等（2010）从流动性过剩、需求冲击、供给冲击以及外部冲击角度对中国通货膨胀动态进行了分析，结果表明，流动性过程是造成中国通货膨胀的主要因素。赵昕东和耿鹏（2010）利用 SVAR 模型，分析了技术冲击、货币冲击、需求冲击与食品价格冲击对中国通货膨胀动态影响，结果表明需求对于造成中国通货膨胀波动主要因素。综上所述，本书将影响中国通货膨胀波动的冲击划分为需求冲击、供给冲击、货币政策冲击和外部冲击。

7.1.1 需求冲击的影响

在于经济发展过程中，社会总需求大于总供给，从而引起一般物价水平的持续上升，即通货膨胀是由需求冲击造成的。凯恩斯学派从总供给—总需求角度，借助于 IS - LM - PC 模型分析了通货膨胀的成因，并最终得出需求冲击是引起通货膨胀的主要因素。通常 IS - LM - PC 模型由以下几个方程构成：

$$y_t = \beta_0 + \nu_t - \beta_1(r_t - E_t\Delta p_{t+1}) + \mu_t \tag{7.1}$$

$$m_t - p_t = \beta_2 y_t - \beta_3 r_t + \varepsilon_t \tag{7.2}$$

$$\Delta m_t = \upsilon_t \tag{7.3}$$

$$\Delta p_t = \Delta p_{t-1} + \beta_4(y_t - \nu_t) \tag{7.4}$$

方程（7.1）代表 IS 曲线方程，反映了实际产出与实际利率之间负相关的关系。其中，y_t 代表实际产出的对数值，r_t 代表市场名义利率，p_t 代表价格水平对数值。方程（7.2）代表货币需求方程，反映了实际货币需求主要受到实际产出和名义利率的影响。其中，m_t 为名义货币存量对数值。方程（7.3）代表了货币供给方程，通常可以把它看作中央银行的货币政策规则。方程（7.4）代表了菲利普斯曲线。IS 曲线方程中的 ν_t 和 μ_t 分别代表总供给冲击和总需求冲击，需要注意的是，ν_t 和 μ_t 两种冲击同时进入 IS 曲线方程，这表明实际产出受到总需求冲击和总供给冲击的共同影响。货币需求方程中的 ε_t 代表货币需求冲击。在货币供给方程中，货币存量增长率由外生的货币总供给冲击 υ_t 决定。货币需求方程与货币供给方程结合起来就是 LM 方程。

该模型表明，需求的变动将影响价格，当总需求超过了总供给，价格水平自然就会上升。需求冲击可以使 IS 曲线或 LM 曲线发生移动。IS 曲线或 LM 曲线的移动表明总需求曲线的移动。图 7－1 展示了总需求移动曲线的移动所引起物价水平的变动，正向需求冲击发生之后，总需求曲线向右移动，进而导致价格水平上升。另外，IS－LM－PC 模型表明货币的供给是外生的，需求冲击是导致通货膨胀短期波动的主要原因。但是货币供给会对对通货膨胀波动造成影响，当货币供给增加之后，会引起利率的下降，导致总需求的上升，进而推动物价水平的上涨。

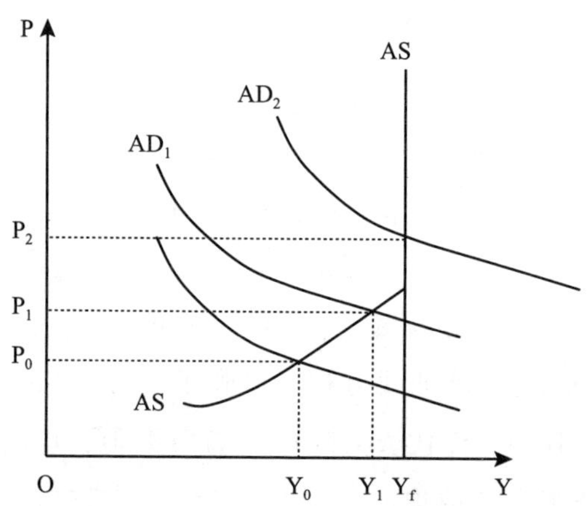

图 7－1　需求冲击引起通货膨胀变动

7.1.2 供给冲击的影响

在 20 世纪 50 年代后期，供给冲击引起通货膨胀波动开始被学者们关注。与需求冲击引起的通货膨胀理论的分析角度不同，该理论假定当总需求不变的情况下，供给冲击会导致总供给的变化，进而影响到价格水平的上升。与需求冲击引起的通货膨胀波动理论相反，供给冲击推动通货膨胀理论认为通货膨胀产生的根源在于总供给方面的变化，而不是总需求方面的变化。总供给冲击导致生产成本的变化，进而导致通货膨胀上升，其形成机理如图 7 – 2 所示。在同等价格条件下，生产成本上升之后，总供给将会减少，供给曲线从 AS_0 向上移动到 AS_1。在总需求不变的情况下，供给量从 Y_0 下降到 Y_1，物价水平从 P_0 上升到 P_1。并且随着企业生产成本的逐渐增加，供给曲线将继续向上移动，物价水平也随之上升。

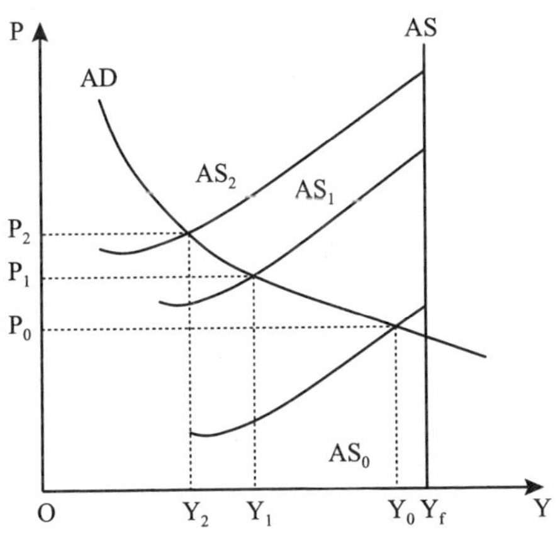

图 7 – 2　供给冲击引起通货膨胀变动

7.1.3 货币冲击的影响

早在 20 世纪 30 年代，货币数量论就对总的价格水平与货币供应量之间的关系进行了阐述。下面我们将利用费雪的交易方程式进行简单的分析，费雪方程式可以表示为：

$$M_t \nu_t = P_t Q_t \tag{7.5}$$

其中，M_t 代表货币供给量，ν_t 代表货币流通速度，P_t 代表总的价格水平，Q_t 代表实际的产出水平。方程（7.5）表明，货币流通速度 ν_t 不变，货币供给量 M_t 决定了名义产出水平 P_tQ_t。按照生产函数理论，在技术水平给定的情况下，实际产出水平主要取决于要素的投入水平，即实际产出水平 Q_t 可以表示为：

$$Q_t = F(K_t,\ L_t) \tag{7.6}$$

其中，K_t，L_t 分别代表投入的资本水平和劳动水平。结合方程（7.5）和方程（7.6）共同刻画了货币供给与价格水平、产出水平之间的关系。当货币供给的增长率高于实际产出的增长率时，必然引起价格水平的上涨，进而导致通货膨胀的产生。

货币学派代表人物 Friedman（1963）认为通货膨胀归根结底都是一种货币象，物价水平的上涨完全是由于货币供给的增加所造成的，短期货币政策可能会对产出有一定影响，但长期角度必然会导致通货膨胀。

7.1.4 外部冲击的影响

伴随世界经济的一体化逐渐加深，外部冲击对于通货膨胀的影响开始逐渐学者们所关注。尤其近些年美国次贷危机、欧洲主权债务危机等冲击层出不穷，这些冲击对于通货膨胀动态产生了深远的影响。外部冲击影响通货膨胀的主要通过国际贸易和货币两种渠道发挥作用。

国际贸易传导渠道主要是指，随着国际大宗商品价格上涨，进而引起国内产品价格上涨，从而导致发生通货膨胀。一方面，国外商品价格上涨，直接通过流通渠道进入国内，进而导致销售产品价格的上涨，从而引发通货膨胀。另一方面，由于国际原材料价格或者能源价格的大幅度上涨，导致企业生产成本上升，从而推动整个国内物价水平上涨。

货币传导渠道主要是指，大量货币流入对导致国内价格水平的上涨。一方面，当国内利率高于国际市场利率时，大量国外资本为了获得利差，涌入国内市场，从而本国被动的增加货币供给量，进而导致国内物价水平的上涨。另一方面，由于国际市场价格的上涨，导致国内产品的出口竞争力增强，大量的贸易顺差形成外汇占款，增加了国内的货币供应量，从而导致国内物价水平的上涨。

7.2 通货膨胀持续性影响因素模型构建及识别

本章将采用结构向量自回归模型（SVAR 模型）分析不同冲击对通货膨胀持续性的影响。Sims（1980）开创性提出 VAR 模型之后，被广泛应用多元时间分析。但 VAR 模型的模型的信息存在较强的相关性，导致无法识别不同冲击影响。SVAR 模型正是对 VAR 模型的批判中逐渐发展起来，通过施加长短期约束来识别不同冲击的来源。

7.2.1 变量的选择

根据上一节对于通货膨胀影响因素分析，导致中国通货膨胀波动的主要冲击包括需求冲击、供给冲击、货币冲击以及外部冲击。关于需求冲击，通常采用产出缺口进行衡量，但不同方法估计的产出缺口结果不同，故本书直接采用产出增长率缺口（实际 GDP 增长率与其趋势值之差）替代产出缺口来衡量需求冲击（郭万山和丁洪福，2015）。关于供给冲击，国外学者通常采用石油价格冲击或者食品价格冲击进行衡量，鉴于石油价格冲击对中国通货膨胀影响较小，而中国食品类占整个 CPI 的比重超过 30%，因此采用食品价格指数同比增长率衡量供给冲击（赵昕东和耿鹏，2010）。关于货币冲击，遵循国内大多数学者的做法，采用广义货币供应量 M_2 同比增长率进行衡量。关于外部冲击采用国际大宗商品价格指数同比增长率进行衡量。

7.2.2 实证模型的构建

本章构建包含产出增长率缺口、货币供应量同比增长率、食品类价格指数同比增长率、国际大宗商品价指数同比增长率 5 个变量 SVAR 模型，以便识别不同冲击对于通货膨胀持续性的影响。SVAR 模型可以表示为：

$$A_0 y_t = \Gamma_1 y_{t-1} + \Gamma_2 y_{t-2} + \cdots + \Gamma_p y_{t-p} + \mu_t \tag{7.7}$$

其中，$y_t = (GRGAP_t, M2_t, FOODCPI_t, FCPI_t, CPI_t)$ 为内生变量向量，$GRGAP_t$，$M2_t$，$FOODCPI_t$，$FCPI_t$ 和 CPI_t 分别表示出增长率缺口、广义货币供应量同比增长率、食品类价格指数同比增长率、国际大宗商品价指数同比增长率和通货膨胀率。A_0 和 Γ_1，Γ_2，…，Γ_p 为待估计的系数矩阵，μ_t 代表结构冲击。

$$A_0 = \begin{bmatrix} 1 & -c_{12} & -c_{13} & -c_{14} & -c_{15} \\ -c_{21} & 1 & -c_{23} & -c_{24} & -c_{25} \\ -c_{31} & -c_{32} & 1 & -c_{34} & -c_{35} \\ -c_{41} & -c_{42} & -c_{43} & 1 & -c_{45} \\ -c_{51} & -c_{52} & -c_{53} & -c_{54} & 1 \end{bmatrix},$$

$$\Gamma_i = \begin{bmatrix} \gamma_{11}^{(i)} & \gamma_{12}^{(i)} & \gamma_{13}^{(i)} & \gamma_{14}^{(i)} & \gamma_{15}^{(i)} \\ \gamma_{21}^{(i)} & \gamma_{22}^{(i)} & \gamma_{23}^{(i)} & \gamma_{24}^{(i)} & \gamma_{25}^{(i)} \\ \gamma_{31}^{(i)} & \gamma_{32}^{(i)} & \gamma_{33}^{(i)} & \gamma_{34}^{(i)} & \gamma_{35}^{(i)} \\ \gamma_{41}^{(i)} & \gamma_{42}^{(i)} & \gamma_{43}^{(i)} & \gamma_{44}^{(i)} & \gamma_{45}^{(i)} \\ \gamma_{51}^{(i)} & \gamma_{52}^{(i)} & \gamma_{53}^{(i)} & \gamma_{54}^{(i)} & \gamma_{55}^{(i)} \end{bmatrix}, \quad i = 1, 2, \cdots, p, \quad \mu_t = \begin{bmatrix} \mu_{1t} \\ \mu_{2t} \\ \mu_{3t} \\ \mu_{4t} \\ \mu_{5t} \end{bmatrix}$$

如果结构冲击之间是独立的和序列无关的，方程（7.7）可以进一步写成滞后算子形式：

$$A(L)y_t = \mu_t \tag{7.8}$$

其中，$A(L) = A_0 - \Gamma_1 L - \Gamma_2 L^2 - \cdots - \Gamma_p L^p$，$A(L)$ 是滞后算子的 5×5 的参数矩阵，$A_0 \neq I_k$。假设在上述简化式的 μ_t 的方差 - 协方差矩阵为单位矩阵。如果矩阵多项式 $A(L)$ 可逆，则可以转化为无穷阶 VMA(∞) 形式：

$$y_t = B(L)\mu_t \tag{7.9}$$

其中，$B(L) = A(L)^{-1}$，$B(L) = B_0 + B_1 L + B_2 L^2 + \cdots$，$B_0 = A_0^{-1}$。

通过观察，简化式误差项可以转化为结构冲击 μ_t，可以表述为

$$\varepsilon_t = B_0 \mu_t \text{ 或 } B_0^{-1}\varepsilon_t = \mu_t \tag{7.10}$$

然后，通过对 B_0 施加约束来识别 SVAR 模型中的参数。

7.2.3 模型识别及约束条件

在结构式模型和简化式模型之间进行转化时，经常遇到模型的识别问题，即对结构变量进行限制性约束。对于包含 k 内生变量的 p 阶 VAR 模型，需要估计的参数个数为 $k^2p + (k + k^2)/2$，而相应的 SVAR 模型需要估计的参数个数为 $k^2p + k^2$。为了能够对结构模型参数进行估计，需要施加 $k(k-1)/2$ 个约束条件。因此，对于本章构建的包含 5 个变量的 SVAR 模型需要施加的约束条件为 10 个。

实践过程中，现有文献往往根据经济理论对 B_0 施加约束。本章遵从赵昕东和耿鹏（2010）的做法，对 B_0 施加 10 个长期约束。首先，根据自然率假说，只有技术冲击影响经济增长率长期变化趋势，而货币供给、食品价格的短暂波动、大宗商品价格的变动以及通货膨胀率都只能短暂的引起经济增长的波动，而不会影响到 GDP 增长率的长期趋势，根据这一条件可以构成了 4 个长期约束。其次，从长期角度来看，食品价格主要受到供给和需求两个方面因素的影响，如果

市场不发生较大的波动，通常食品价格变动很小。所以货币供给量、大宗商品价格、通货膨胀率在长期对其影响较小。根据这一条件可以构成3个约束条件。货币供应量通常受到中央银行的控制，从短期角度看，国际大宗商品价格、食品价格可能会对中央银行的货币政策有所影响，但在长期来看，累积影响为零，这就构成了2个长期约束。最后，对于国际大宗商品来说，长期的变动主要受其供给和需求的因素有关，而本国的通货膨胀是受大宗商品价格影响较大，但其通常不会对大宗商品价格产生影响。所以根据此条件构建了1个长期约束。

根据上述的10个约束条件，我们可以对SVAR模型进行估计。根据SVAR模型中变量的排列顺序为：$GRGAP_t$，$M2_t$，$FOODCPI_t$，$FCPI_t$，CPI_t。长期约束的系数矩阵ψ可以表示为：

$$\psi=\begin{bmatrix} NA & 0 & 0 & 0 & 0 \\ NA & NA & 0 & 0 & 0 \\ NA & NA & NA & 0 & 0 \\ NA & NA & NA & NA & 0 \\ NA & NA & NA & NA & NA \end{bmatrix}$$

7.3 中国通货膨胀持续性影响因素的实证分析

7.3.1 数据来源及处理

综上所述本书涉及的主要变量有通货膨胀率、产出增长率缺口、食品价格指数、广义货币供应量增长率（M2）以及国际大宗商品价格指数。本书采用季度数据，样本覆盖1996年第一季度至2014年第四季度，样本容量为76。居民消费物价指数（CPI）、食品类消费物价指数、广义货币供应量增长率（M2）数据通过中国国家统计局网站获取，实际 GDP 增长率数据来源 WIND 资讯，国际大宗商品价格指数数据来源 IMF 网站。

（1）通货膨胀率（CPI_t）。使用同比居民消费物价指数进行计算，计算公式为（同比 $CPI_t - 1$）×100。鉴于中国通常公布月度同比 CPI 物价指数数据，季度居民消费物价指数可以通过季度内消费价格指数简单平均获取，然后利用上边公式可以得到季度通货膨胀率（如图 7－3 所示）。根据图 7－3 描述，1996 年之后 CPI 同比通货膨胀呈现大幅度的下降，至 1999 年二季度通货膨胀率下降到本轮周期的最低值。随后通货膨胀率又经历 4 次较大的波动，并且每次通货膨胀都持续较长一段时间，这表明中国通货膨胀呈现明显的持续性。

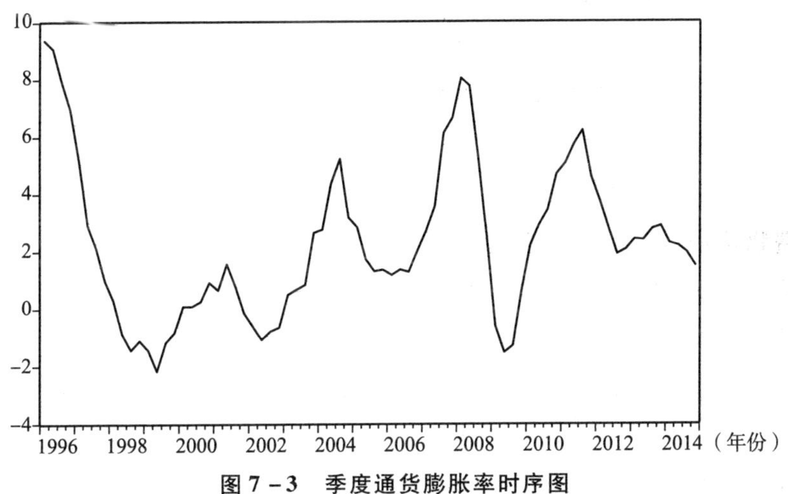

图 7－3　季度通货膨胀率时序图

（2）产出增长率缺口（$GRGAP_t$）。使用 GDP 同比增长率与其趋势值之差进行计算。GDP 同比增长率趋势值采用 HP 滤波方法得到。图 7－4 展示了产出增长率缺口与通货膨胀的变动。2005 年之前产出增长率缺口的波动比较平稳，随后呈现了较大的起幅波动，并且呈现了与通货膨胀率相似的变化趋势。但是我们也观察到产出增长率缺口的波动明显滞后通货膨胀率的波动，这表明产出增长率缺口的持续性可能是推动通货膨胀持续性一个重要的因素。

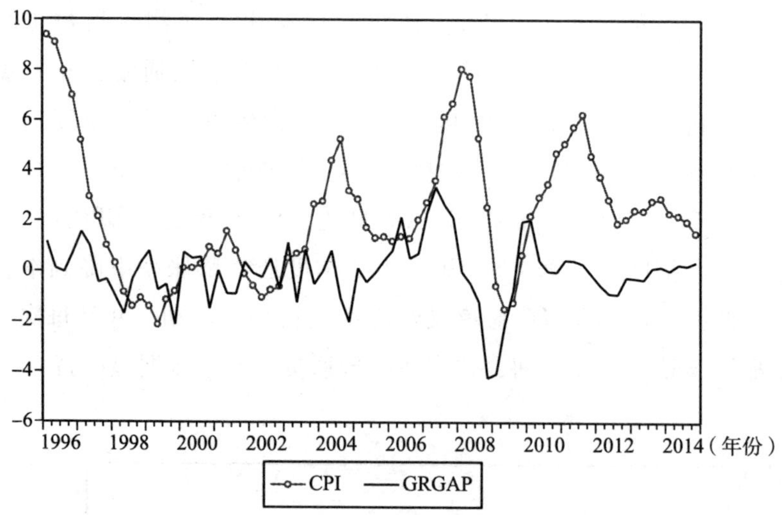

图 7-4 产出增长率缺口与通货膨胀率

（3）食品类物价指数同比增长率（$FOODCPI_t$）。首先，季度居民消费物价指数可以通过季度内各月物价指数简单平均得到，然后利用公式 $FOODCPI_t$ =（食品类同比 CPI - 1）×100，可以得到季度食品类物价指数同比增长率（如图 7-5 所示）。通过图 7-5 可以发现，食品类价格指数与通货膨胀率变动趋势相似，但食品类价格指数的波动幅度更大一些。这表明，如果食品类价格指数呈现明显持续性，将会对通货膨胀持续性产生重要的影响。

（4）广义货币供应量增长率（M2）。季度货币供应量（M2）同比增长率可以通过季度内各月货币供应量同比增长率简单平均计算得到（如图 7-6 所示）。根据图 7-6，可以发现货币供应量（M2）同比增长率一直处于较高的水平，每次通货膨胀的背后都与货币的超发密切相关。这表明，货币冲击的持续性对通货膨胀产生持续性的影响。

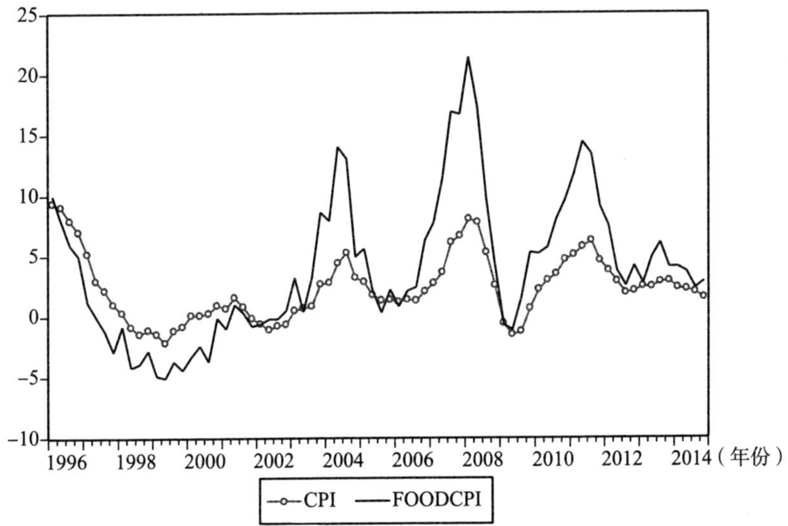

图7－5 食品类CPI同比增长率与通货膨胀率

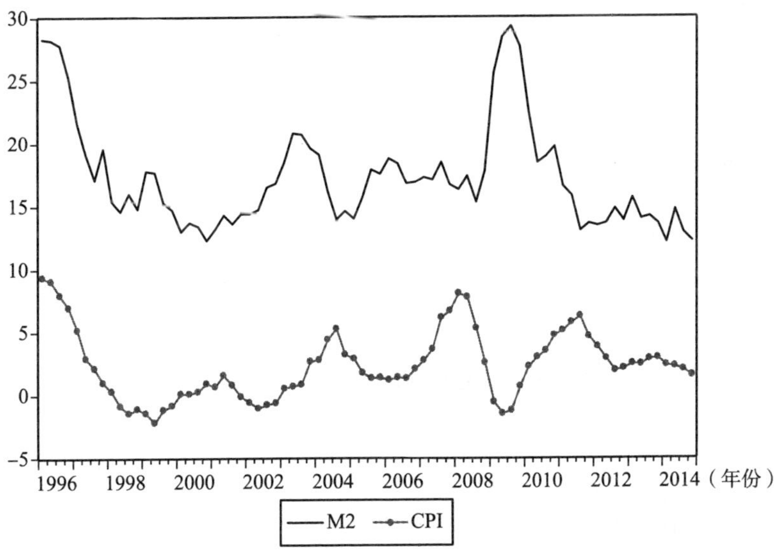

图7－6 M2同比增长率与通货膨胀率

（5）国际大宗商品价格指数同比增长率（$FCPI_t$）。IMF提供国际大宗商品价格指数数据为定基数据（2005年＝100），而本书采用的数据为同比数据。首先将定基数据转化为同比数据，然后对季度内国际大宗商品价格指数进行简单平均即可得到季度价格指数，然后利用公式 $FCPI_t$ =（季度同比大宗商品价格指数 -1）×100，可以得到季度国际大宗商品价格指数同比增长率，如图 7-7 所示。图 7-7 展示的结果表明，国际大宗商品价格呈现快速的起幅波动，对国内通货膨胀的影响不是很大。

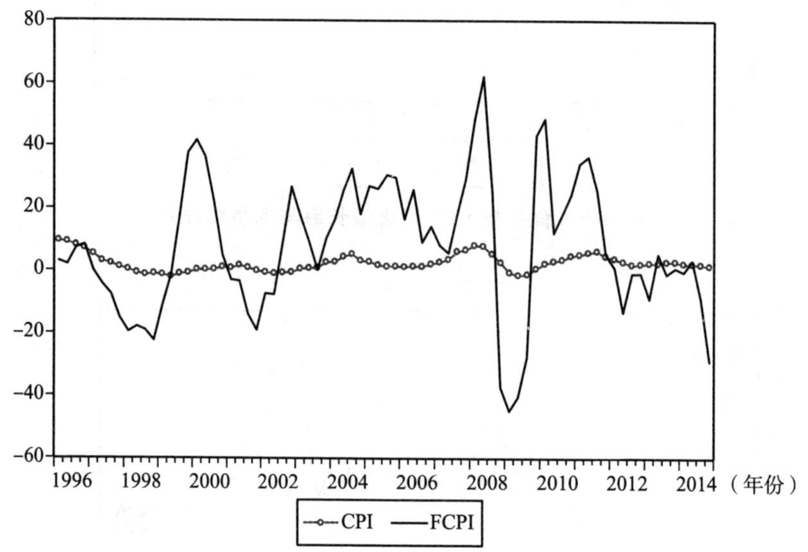

图 7-7 国际大宗商品价格同比增长率与通货膨胀率

7.3.2 变量的平稳性检验

构建 VAR 模型之前，模型中的变量必须满足平稳性的条件。因此本书首先利用 Eviews8.0 软件中 PP 检验方法，对模型中的各个变量进行平稳性检验，表 7-1 展示了平稳性检验的结果。

PP 单位根检验的原假设为存在单位根，根据表 7-1 展示的结果可以发现，所有变量在 5% 的显著性水平下拒绝了原假设，说明变量是平稳的，可以一步构建 VAR 模型。

表 7-1　　各变量平稳性检验结果

变量	检验类型（c，t，b）	检验值	结论
CPI_t	（c，0，4）	-3.2280 **	平稳
$GRGAP_t$	（c，t，2）	-4.6018 ***	平稳
$FOODCPI_t$	（0，0，5）	-3.2423 **	平稳
M2	（c，0，3）	-3.0254 **	平稳
$FCPI_t$	（c，t，3）	-3.5475 **	平稳

注：① ** 表示在5%的显著水平下拒绝存在单位根的原假设。②c，t，b 分别指常数项、趋势项、带宽。

7.3.3 VAR 模型滞后阶数选择与稳定性检验

接下来我们将确定模型的滞后阶数。根据 LR、FPE、AIC、SC、HQ 准则确定滞后阶数分别为 5、5、5、1、1（如表 7-2 所示），遵循多数的原则，因此本章构建 VAR 模型的滞后阶数为 5。

表 7-2　　各种准则确定的 VAR 模型滞后阶数

Lag	LogL	LR	FPE	AIC	SC	HQ
0	-898.8682	NA	113032.6	25.82481	25.98541	25.88860
1	-680.9671	398.4479	457.6330	20.31334	21.27699 *	20.69611 *
2	-653.8959	45.63421	436.1184	20.25417	22.02084	20.95591
3	-625.8016	43.34551	410.5414	20.16576	22.73547	21.18648
4	-599.5006	36.82137	417.5482	20.12859	23.50133	21.46828
5	-568.6112	38.83246 *	386.6194 *	19.96032 *	24.13610	21.61899

注：* 表明依据该准则选择的滞后阶数。

此外，为了利用脉冲响应函数和方差分解分析的方法对模型中变量的动态关系进行分析，我们需要对 VAR 模型稳定性进行检验。图 7-8 展示模型稳定性检验的结果，结果表明所有单位根的模的倒数均位于单位圆以内，说明 VAR 模型是结构稳定的。

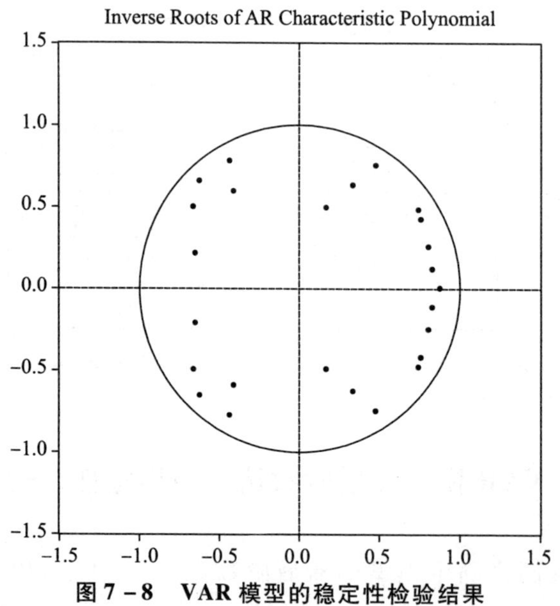

图 7－8　VAR 模型的稳定性检验结果

7.3.4　脉冲响应分析

接下来，我们将利用脉冲响应函数分析不同冲击对中国通货膨胀持续性的影响。图 7－9 展示通货膨胀受到自身滞后值以及其他四个变量一个标准差冲击的响应。对于来自需求方面的冲击，当通货膨胀率受到一个单位标准差正向产出增长率缺口冲击时，对通货膨胀率当期影响达到0.1893，并开始逐渐上升，第5 期达到最大值；随后通货膨胀开始逐渐地下降，经过短暂的负值之后，回复到正值，大约经过 25 期之后逐渐趋于稳态。

对于来自货币供给的冲击，当通货膨胀率受到一个单位标准差正向货币供应量同比增长率冲击时，短期内通货膨胀率处于负值；直到第 7 期之后，通货膨胀率开始为正，并逐渐上升，第 11 期达到最大值 0.4156；随后开始逐渐地下降，并趋于稳态。

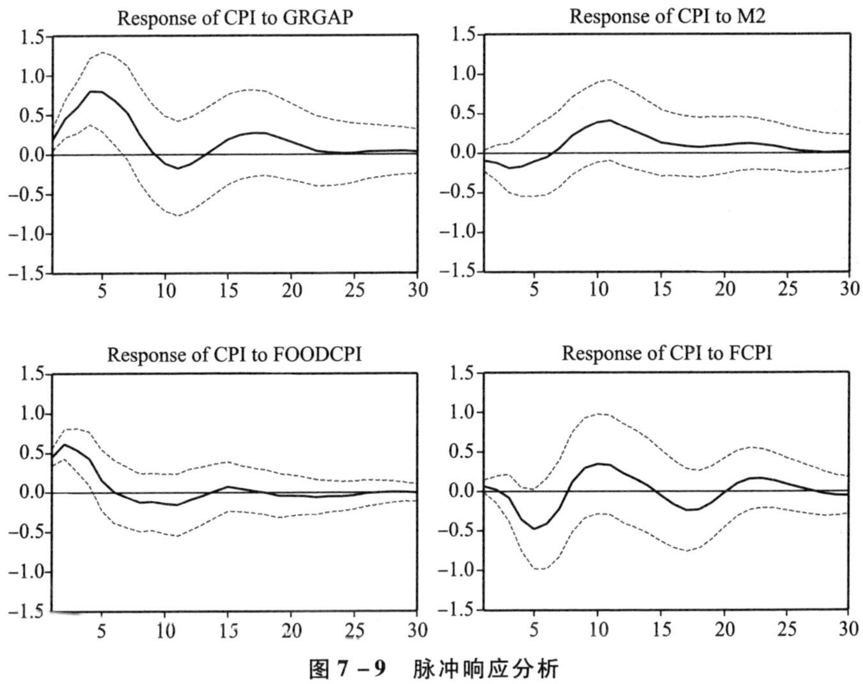

图 7－9 脉冲响应分析

对于来自食品价格的冲击，当通货膨胀率受到一个单位标准差正向食品价格冲击时，通货膨胀率迅速达到最大值，这主要是由于食品类 CPI 是总体 CPI 的构成部分，食品类 CPI 的波动被立即统计到总体 CPI 中去。第 6 期之后，食品价格冲击对通货膨胀率影响开始为负，大约 8 期又开始为正，随后开始呈现正负交替的状态，并最终趋于稳定的状态。

对于国际大宗商品价格冲击，当通货膨胀率受到一个单位标准差正向国际大宗商品价格冲击时，通货膨胀快速下降到负值，经过一段时期的调整之后，又返回到正值，此后不断进行正负交替变化，最终趋于稳态水平。

图 7－10 展示了通货膨胀率受到一个单位标准差正向产出增长率缺口冲击、货币供应量同比增长率冲击、食品价格冲击及国际大宗商品价格冲击的累计脉冲响应。正向产出增长率缺口冲击对通货膨胀率

的累计影响开始为负，随后逐渐地增加，但长期维持在一个较高的水平，这表明产出增长率缺口冲击对于通货膨胀率具有较强的持续性的影响[①]。正向货币供应量同比增长率冲击对通货膨胀率的累计影响开始为负，大约10期之后开始逐渐地增加，最终收敛于一个固定的水平，这表明中国货币政策具有明显的滞后效应，大约滞后10个季度左右，并且货币供给冲击会对通货膨胀造成一定程度的持续性的影响。正向食品价格冲击对通货膨胀率累计影响逐渐减少，长期将稳定在一个固定的水平，这表明食品价格冲击对通货膨胀具有持续性的影

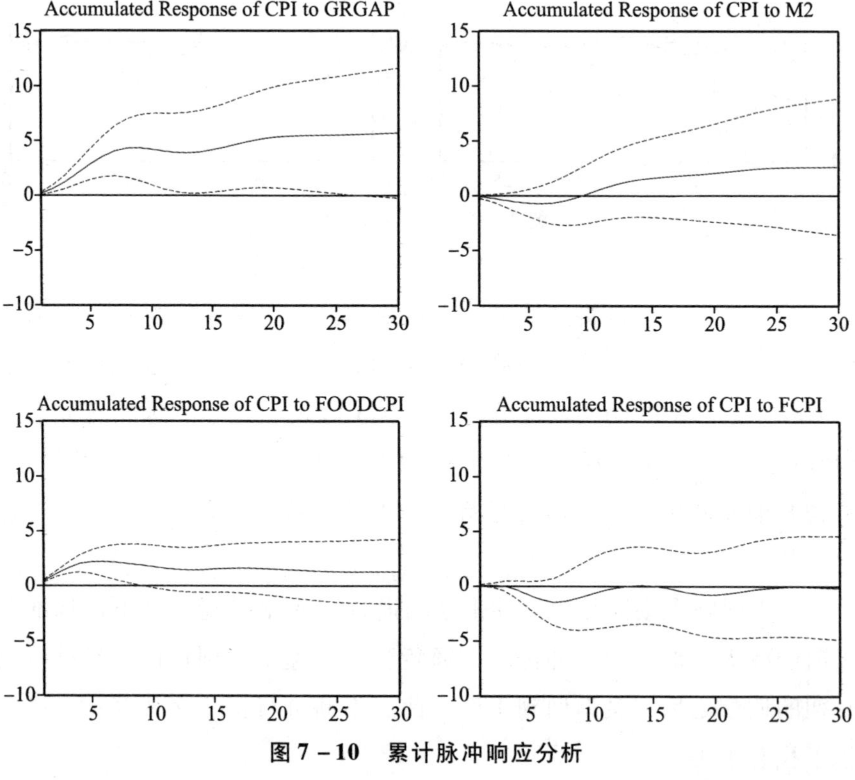

图7-10　累计脉冲响应分析

---

① Andrews和Chen（1994）表明累积脉冲响应函数可以作为通货膨胀持续性程度的标量测度指标，其取值越大代表通货膨胀持续性程度越大，反之则相反。

响，但影响程度较小。正向国际大宗商品价格冲击对通货膨胀累计影响较小，长期趋近于 0，这表明国际大宗商品价格冲击几乎不会对通货膨胀产生持续性的影响。

7.3.5 方差分解分析

图 7－11 展示通货膨胀率预测方差分解的结果。根据图 7－11 所展示的结果表明，产出增长率缺口、货币供应量同比增长率、食品价格与国际大宗商品价格四种冲击的对通货膨胀波动的贡献显著不同。产出增长率缺口冲击对通货膨胀率变动的贡献最大，当期达到 10%，7 个季度之后达到最大值 55% 左右，随后开始下降，最终稳定在 40% 左右。初期货币供应量同比增长率冲击对通货膨胀变动贡献在 2% 左

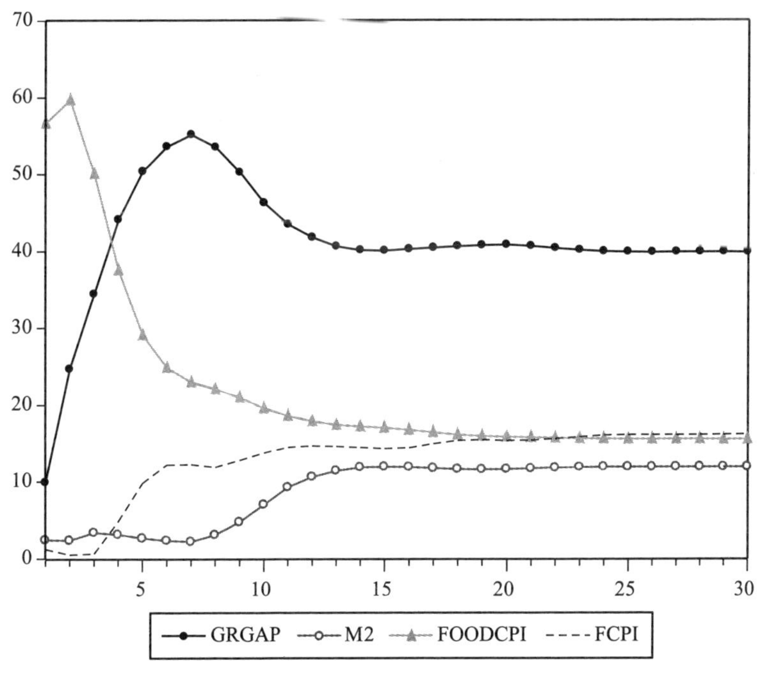

图 7－11 通货膨胀率预测方差分解

右，随后开始逐渐地上升，最终稳定在12%左右。食品价格冲击对通货膨胀率变动的短期贡献较大，第2期达到60%，但随后开始快速的下降，最终稳定在15%左右。国际大宗商品价格冲击对通货膨胀率的短期贡献较小，随后开始逐渐地上升，第5期达到10%，最终长期稳定在16%左右。

7.4 本章小结

本章首先分析需求冲击、供给冲击、货币冲击及外部冲击对通货膨胀持续性影响路径。然后结合中国的实际情况分别选择产出增长率缺口、食品价格指数同比增长率、货币供应量同比增长率及国际大宗商品价格指数同比增长率作为上述四种冲击的替代变量。最后应用SVAR模型中脉冲响应函数与方差分解的方法通货膨胀持续性影响因素进行了实证分析。研究结果表明，给定一个单位标准差正向需求冲击、供给冲击、货币冲击及外部冲击，对通货膨胀造成的持续性影响是存在明显差异的，需求冲击影响最大，货币冲击次之，外部冲击影响最小。

第8章　结论及其政策建议

通过前面的几章，我们已经对中国通货膨胀持续性问题进行了深入的研究。在最后一章，我们将揭示本书的主要研究结论，并提出有针对性的政策建议。

8.1　研究结论

（1）中国通货膨胀持续性水平较高。本书通过对中国CPI通货膨胀率月度数据的观察，发现中国通货膨胀均值呈现明显的时变特征。因此，本书假定中国通货膨胀均值可变的基础上，运用参数和非参数的简化方法对中国通货膨胀持续性进行了测度。研究的结果表明，无论在恒定均值假定条件下，还是在时变均值假定条件下，通货膨胀持续性测度指标 ρ 和 γ 的值都超过0.9，说明样本期内中国通货膨胀持续性处于较高的水平，并且时变均值下通货膨胀持续性水平要低于恒定均值下的通货膨胀持续性水平。另外，我们分别对恒定均值和时变均值下通货膨胀持续性进行了结构突变检验，结果表明中国通货膨胀持续性确实发生结构突变。在恒定均值情况下，突变的时点发生在1994年11月；而在时变均值的情况，突变的时点发生在2008年3月份。最后我们对各个子区间的通货膨胀持续性进行测度，测度的结果表明近些年来中国通货膨胀持续性水平发生了显著的下降。这些结果说明，中国货币政策的滞后效应比较明显，为了实现货币政策的目标，必须提高货币政策前瞻性。

（2）中国通货膨胀持续性呈现明显的动态变化特征。中国通货膨胀持续性的动态变化特征也是一个主要的研究主题。本书通过构建时变参数的自回归模型，并基于卡尔曼滤波的方法对中国通货膨胀持续性动态变化进行了测度。测度结果表明：第一，中国通货膨胀持续性在大多数时期处于较高的水平。根据时变自回归模型估计得到通货膨胀持续性的动态序列，发现样本期内大多数时期 CPI 通货膨胀持续性程度高于 0.6，这表明样本期内中国通货膨胀持续性呈现较高的水平。通货膨胀持续性程度一直在高位状态上变化暗示着中国的货币政策的滞后效应非常明显，通货膨胀对货币政策的反应速度缓慢。第二，不同时期的通货膨胀持续性水平具有明显差异。中国通货膨胀持续性的变化大体上呈现两个较大的变化周期。从 1992 年开始通货膨胀持续性开始明显上升，到 1994 年达到最高峰，然后开始逐渐下降，到 2001 年左右达到谷底。从 2002 ~ 2005 年通货膨胀持续性经过一段较长时期平稳变化。然后通货膨胀持续性水平又开始逐步地上升，到 2008 年达到最高峰，但是我们能够发现这一轮通货膨胀持续性上升周期时间比较短，回落的速度非常快，尤其 RPI 通货膨胀持续性呈现了断崖式的下降。2002 年以来通货膨胀持续性水平走低，表明货币政策的时滞效应相对较小，短（即）期效应有所增强。第三，反通货膨胀时期，通货膨胀持续性明显下降。通过观察样本期通货膨胀水平，可以发现在样本期存在四个反通货膨胀时期：1994 ~ 1999 年、2004 ~ 2006 年、2008 ~ 2009 年、2011 ~ 2012 年。在四个反通货膨胀时期，通货膨胀持续性程度下降明显，说明紧缩性的货币政策能够降低通货膨胀持续性程度，进而稳定通货膨胀水平。第四，高通货膨胀时期，通货膨胀持续性水平高；低通货膨胀时期，通货膨胀持续性水平低。1992 ~ 1997 年期间中国处于高通货膨胀时期，这一时段通货膨胀持续性程度较高，大多数时期超过 0.8。1998 ~ 2002 年期间中国处于低通货膨胀时期，这一时段通货膨胀持续程度较低，基本处于0.6～0.8之间。2007～2008年通货膨胀时期，通货膨胀持续性程度处于较高的水平。随着2011年之后，通货膨胀的持续走低，通货膨胀持续性程度也显著性的降低。这表明高通货膨胀时期，通货膨胀预期带有很大不确定性和高通货膨胀预期，进而导致货币政策较高的时滞性；而通胀的紧缩期和下降期，通货膨胀预期相对比较稳定，货币政策具有较小的时滞性。鉴于不同时期通货膨胀持续性的动态变化，货币政策滞后时间的明显不同。因此，中央银行实施货币政策时，必须要把握好货币政策时机和力度，做到适时适度预调微调。

（3）中国分类通货膨胀持续性差异明显。除了从总体层面对中国通货膨胀持续性进行研究之外，本书还利用2001年1月～2014年12月分类CPI通货膨胀率的环比数据对中国分类通货膨胀持续性进行了研究。研究结果表明：第一，分类CPI通货膨胀持续性处于较高水平，其均值与总体CPI通货膨胀持续性水平接近。第二，样本期内分类CPI通货膨胀持续性并没有发生显著的结构突变。第三，分类CPI通货膨胀持续性存在显著的差异。其中衣着类、居住类和家庭设备用品及服务类CPI通胀持续性较高，而交通通信和娱乐教育文化类CPI通胀持续性相对较低。第四，分类CPI通货膨胀率受到共同因子和特殊因子的共同影响，其中共同因子的持续性较高，导致了在共同因子中因子载荷值大的衣着类、居住类和家庭设备用品及服务类通货膨胀持续性较高，而其他类别在共同因子中因子载荷值较小，对应的持续性相对较低。以上的结果说明，中央银行在制定通货膨胀目标时，要考虑到各类通货膨胀持续性的差异，高持续性类别赋予较大的权重，低持续性类别赋予较小的权重。

（4）中国区域通货膨胀持续性差异显著。中国地理区域广阔，不同地区经济发展格局、经济发展水平、经济结构特征以及价格设定机制等方面的差异明显，这造成不同地理区域通货膨胀动态路径存在明显的差异。因此准确的区分不同地理区域的通货膨胀持续性水平，对于货币当局制定有针对性的货币政策具有重要意义。本书利用1994年1月~2014年12月的省际CPI通货膨胀率数据对不同区域的通货膨胀持续性进行了测度，并对其差异进行了分析，结果表明：第一，不同地理区域的通货膨胀持续性确实存在一定差异。西部部地区经济发展水平落后，价格设定后顾性较强，造成通货膨胀持续性处于较高的水平；东部地区经济发达，金融体系完善，通货膨胀持续性较低。第二，不同区域的通货膨胀水平受到共同因子和区域特殊因子的共同影响。其中共同因子的影响占90%以上，是造成区域通货膨胀持续性水平较高的主导因素。虽然一些地区的特殊因子的持续性水平有所下降，但对于区域通货膨胀持续性下降趋势的影响有限。这也表明货币当局在制定货币政策的过程中一定考虑到地区的差异，避免“一刀切”的货币政策，否则难以实现货币政策的目标。

（5）预期持续性是导致中国通货膨胀持续性的重要根源。通货膨胀持续性简化测度方法操作简单，参数易于估计，但其无法有效识别通货膨胀持续性产生的根源。本书构建了一个多变量结构时间序列模型对中国通货膨胀持续性产生根源进行分析。研究结果表明，内在持续性、外在持续性和预期持续性都是导致中国通货膨胀持续性的根源；相对而言，预期持续性影响程度最大，内在持续性次之，而外在持续性影响最小。这些结果说明，由于中央银行与公众之间信息不对称，公众无法准确把握央行通货膨胀目标变化，因而导致公众预期的缓慢调整，进而导致通货膨胀持续性。

（6）需求冲击和货币冲击对中国通货膨胀持续性影响较大。为了区分不同冲击对通货膨胀造成持续性影响差异，本书构建了包含需求冲击、供给冲击、货币冲击和外部冲击的SVAR模型，并利用脉冲响应函数和方差分解的方法分析了各种冲击对中国通货膨胀持续性所造成的影响。研究结果表明，需求冲击对通货膨胀持续性影响最大，货币冲击次之，供给冲击和外部冲击影响较小。这些研究结果与中国经济实践是一致的。一方面，近三十年来中国经济增长的持续性，是推动通货膨胀持续性的重要因素。另一方面，货币供应量增长率高于经济增长率，即持续的货币超发也对通货膨胀持续性产生了很大的影响。

8.2 政策建议

本书利用中国经验数据对通货膨胀持续性进行了深入的研究，结果表明中国通货膨胀持续性一直处于较高的水平，而造成高通货膨胀持续性的主要根源在于预期的持续性，同时需求冲击以及货币供给冲击也对通货膨胀持续性产生了重要的影响。高通货膨胀持续性导致货币政策滞后效应明显，要想实现产出和价格稳定的货币政策目标，就要求货币当局具有较强的前瞻性，并把握货币政策调整的时机和力度，才能实现对经济发展的有效干预。

8.2.1 货币政策时机的选择

在通货膨胀持续性环境下，如果货币当局不考虑货币政策的滞后效应，合理把握货币政策调控的时机，将会导致货币政策目标无法实现，加剧宏观经济的波动。下边本书将结合 20 世纪 90 年代以来中国货币政策的实践历程，分析在不同的经济周期运行阶段货币政策时机选择问题，以便能够为中央银行适时货币政策出台提供建议。

（1）1992～1996 年货币政策时机的选择偏误。自从 1992 年开始，由于大量的基础建设投入、房地产开发过热以及新开发区浪潮，导致中国经济快速增长。1992 年广义货币供应量（M2）增长 31%，CPI 上涨 6.4%，GDP 增长 14.2%，经济开始出现过热的趋势。面对 1992 年出现的经济过热，1993 年中央银行采取了适度从紧的货币政策，货币供应量同比增速从 54.1% 下降到 28.2%，通胀上涨的趋势得到一定的抑制。但在1993年10月，针对经济的下滑的现象，又开始放松了银根，增加了货币供给。最终导致1994年CPI上涨24.1%，创造了改革开放以来的最高纪录。随后两年中央银行采取了以反通胀为主的适度从紧货币政策，1996年CPI回落到8.3%，实现经济的平稳着陆。但值得注意，整个周期内，货币政策调控的时机明显是滞后的，如果我们能调整货币政策，就不会导致经济的剧烈波动。

（2）1997~2002年货币政策时机的选择偏误。1997年下半年，亚洲金融危机爆发，同时受到前三年紧缩货币政策的影响，1998年中国经济开始陷入衰退。为了刺激经济增长，这一时期采取了稳健的货币政策。下调存贷款利率和再贴现率，使用再贷款和窗口指导的方式增加市场的流动性，但是效果不是很明显，对经济增长刺激作用有限。同时我们也注意到，1998~2002年CPI平均下降了0.37%，一直处于通货紧缩的状态，货币政策的目标没有很好的实现。归结原因在于，由于缺乏对未来经济预判，本应该在上一周期对紧缩的政策进行及时调整，等危机发生的时候，货币政策调控错过了最佳的调控时机。

（3）2003~2008年货币政策时机的选择偏误。由于上一轮扩张性货币的滞后效应存在以及投资和需求的拉动，中国又进入新一轮的上升周期。2003~2007年GDP增长率从10%上涨到14.2%，CPI从1.2%上涨到5.9%。2003~2005年中央银行实施稳健的货币政策，经济运行相对而言比较平稳。2005年之后，针对投资增速过快，货币投放过多以及贸易顺差等问题，中央银行又开始实行了紧缩性的货币政策。仅仅在2006~2007年内19次上调法定存款准备金率，8次上调存贷款基准利率，短期内确实起到了很好效果，经济增速回落，通货膨胀率下降。但2007年下半年，美国次贷危机的影响开始显现，但中国央行却没能及早对危机做出预测，为下轮的经济下滑埋下了隐患。

（4）2008~2015年货币政策时机的选择偏误。2008年之后，次贷危机的影响开始逐渐的扩散，中国经济遭遇了前所未有的冲击。短期内，中国出口大幅度下降，国内消费低迷，大量企业倒闭，金融行业面临巨大的经营风险，整个宏观经济呈现衰退的趋势。面对如此不利局面，2008 年 11 月中国政府推出 4 万亿元“一揽子”经济刺激计划。同时，中国人民银行开始实施适度宽松的货币政策，2008 年下半年 4 次下调存款准备金率和存贷款基准利率。由于货币供应量和信贷的快速增长，整个市场的流动性增加，经济开始迅速增长。2010 年 GDP 增长率增速 10.4%，CPI 通胀率也稳定在 3.3%。随后，为了抑制经济过热，中央银行采取适度从紧的货币政策，2011 年中央银行 6 次上调存款准备金率，3 次上调存贷款基准利率。2012 年之后，面对经济下滑的趋势，中央银行采取稳健的货币政策。2015 年 5 次下调存款准备金率和存贷款基准利率，但伴随中国经济进入新常态，货币政策目标没有能够很好地实现，GDP 增长 6.9%，CPI 上涨 1.4%。

综上所述，在当前高通货膨胀持续性环境下，中国货币政策选择的时机具有明显滞后性。因此，为了保证货币政策目标的顺利实现，应该增强对于未来经济状况的预判，提高货币政策的前瞻性。

8.2.2 货币政策力度的控制

现有文献表明，当通货膨胀持续性水平高时，中央银行的货币政策应该更加激进一些。当面对不同的通货膨胀持续性水平，控制货币政策的力度，对于实现货币政策的目标将具有重要的意义。下边我们将结合不同时期货币政策实践，分析其力度控制的效果，以便能够为中央银行适度调控货币政策提供依据。

(1) 1992～1996 年货币政策力度控制偏差。1992～1996 年中国经历了非常严重的通货膨胀，并且此时通货膨胀呈现较强的持续性。自从 1993 年开始，为了经济的快速增长，控制通货膨胀，中央银行实施适度从紧的货币政策。GDP 增长率从 14% 下降到 10%，CPI 价格指数从 24.1 下降到 8.3%，货币政策目标基本实现。另外货币供应量同比增速（M2）从 34.5% 下降到 25.3%，说明本轮货币政策调整力度较大，结合这一时期的高通货膨胀持续性，本书认为较为激烈的货币政策是有助于最终货币政策目标的实现的。

（2）1997 ~ 2002 年货币政策力度控制偏差。1997 ~ 2002 年受到亚洲金融危机的影响，中国经济开始陷入衰退，并开始出现了通货紧缩。为了刺激经济增长，这一时期采取了稳健的货币政策。1998 ~ 2002 年间，中央银行 2 次下调存款准备金率，5 下调存贷款基准利率。GDP 增长率从 7.8% 上升到 9.1%，CPI 平均下降了 0.37%，仍然没有摆脱通货紧缩的状态。同时，货币供应量同比增速从 14.8% 上涨到 16.8%，这表明本轮货币政策的调控力度较小，并没有实现货币政策的目标。

（3）2003 ~ 2008 年货币政策力度控制偏差。在这一时期，货币政策的调控大体可以分为两个阶段。2003 ~ 2005 年为了摆脱通货紧缩的局面，中央银行稳健的货币政策。中央银行 2 次上调了存款准备金率和存贷款基准利率，保持经济平稳增长，GDP 增长率从 10% 上升到 11.3%，通货紧缩局面得到缓解，呈现较低的通货膨胀。同时这一阶段货币供应量同比增速小幅度下降，从 19.6% 下降到 16.9%。鉴于这一时期通货膨胀持续性较低，采取稳健的货币政策调控是比较合适的。2005 年之后，经济加速，通货膨胀抬头，中国银行又开始实行了紧缩性的货币政策。2006 ~ 2007 年中央银行 19 次上调法定存款准备金率，8 次上调存贷款基准利率，经济上涨的趋势得到抑制。但是由于货币政策的滞后效应，紧缩性货币政策加剧 2007 年下半年美国次贷危机对中国经济的冲击。这表明，在本轮周期的后半段，货币政策调控的力度过大。

（4）2008 ~ 2015 年货币政策力度控制偏差。面对 2007 年美国次贷危机的影响，为了防止经济下滑，中国政府推出 4 万亿元经济刺激计划。同时，中国人民银行开始实施适度宽松的货币政策，2008年下半年4次下调存款准备金率和存贷款基准利率。随着货币供应量大幅度的增加，极大地促进了经济增长，2009～2011年GDP平均增长率达到9.6%。随后，为了防止经济过热，中央银行采取适度从紧的货币政策，2011年中央银行6次上调存款准备金率，3次上调存贷款基准利率。2012年之后，经济开始进入了持续的下滑。虽然中央银行8次下调存款准备金率和存贷款基准利率，但是对经济增长的刺激作用，2015年GDP增长率首次跌破7%。在这一周期内，四万亿的刺激计划是一剂猛药，短期对经济增长刺激明显，但长期对整个经济破坏性较大。同时我们也注意到，在这一周期内，通货膨胀持续性水平较低，这也为一步的货币宽松提供有利的条件。

综上所述，在当前高通货膨胀持续性环境下，加强货币政策力度的控制，对于产出和物价的稳定具有重要的意义。

8.2.3 公众心理预期的利用

由于中央银行与公众之间的信息不对称，公众无法准确预期中央银行通货膨胀目标的变化，从而使通货膨胀产生较强的持续性。因此，如何有效利用公众的心理预期，提高货币政策的前瞻性，将是降低通货膨胀持续性的关键所在。

8.2.3.1 提高货币政策的透明度

从20世纪90年代初开始，各国中央银行的操作形成了一种趋势，开始摈弃以往的隐秘性惯例，逐渐走向开放、透明化。大量文献表明加强与公众的沟通，提高货币政策透明度，有助于引导经济主体的预期，改善中央银行的公信力和责任，从而提高货币政策的操作效果（Eijffinger，Hoeberichts & SchaIing，2000；Chortareas et al.，2003；Levin et al.，2004）。同时，一些学者表明提高货币政策透明度能够有效降低通货膨胀持续性程度，即货币政策透明度与通货膨胀持续性之间呈现明显的负相关关系（Van der Cruijsen & Demertzis，2007；Dincer & Eichengreen，2007）。国内学者对于货币政策透明度给予一定关注，研究结果表明，虽然近些年来中国货币政策透明度得到一定程度的改善，但是与发达国家相比还是存在明显差距（贾德奎，2006；贾德奎和胡海鸥，2006）。另外也有研究表明，近些年来中国通货膨胀持续性的下降，是与中国货币政策透明度改善密切相关的。关于如何提高货币政策的透明度，大多数学者建议应该从明确货币政策目标，建立定期信息发布制度，进一步规范信息披露的内容、方式、方法等方面入手（魏永芬，2004；刁节文和贾德奎，2006）。

（1）进一步提高货币政策目标的透明度。近30年的货币政策实践中，中国货币政策目标呈现明显的多变性，进而导致行为主体预期的不确定性，增加了货币政策调控的难度。货币政策目标的变化大体经历两个阶段：第一阶段（1984～1994年），这一阶段中国人民银行的货币政策目标是“发展经济、稳定货币”①。当时中央银行以经济增长作为首要目标，经济增长速度大幅度提升，平均经济增长率达到10.8%。但是伴随而来的是1985年、1988年、1993年严重通货膨胀，这也直接导致了货币政策目标的变化。第二阶段（1995年至今），该阶段货币政策的目标是“稳定币值并以此促进经济增长”。1995年《中华人民共和国中国人民银行法》对中国货币政策的目标进行了明确的规定②。虽然中国人民银行对于最终目标做出了明确的阐述，但是我们能够发现当前中国人民银行规定的目标本身就具有两重性，并且在实际的操作中依然具有多重性。多重目标容易引起经济行为主体预期紊乱，进而导致中央银行对市场运行状况做出错误判

① 参见：1986年国务院发布的《中华人民共和国银行管理暂行条例》第三条规定：“中央银行、专业银行和其他金融机构……都应当以发展经济、稳定货币，提高社会主义经济效益为目标”。

② 规定中国货币政策的最终目标是“保持货币币值的稳定，并以此促进经济增长”。

断，从而使其货币政策偏离其目标。另外，从各国中央银行货币政策实践来看，大多数国家货币政策目标开始从以往的多重目标体系向单一目标体系收敛（范从来，2010）。因此，众多国内的学者建议中国人民银行将币值稳定作为货币政策的唯一目标（例如，张建友，2005；赵建军，2006；赵春玲，2007；范从来，2010）。

币值稳定的“度量”是指如何对通货膨胀目标数值进行限定。一般来说，通行的做法有两种，即点目标和区间目标。点目标是指设定一个具体通货膨胀目标值，当实际通货膨胀率偏离其目标值时，货币政策就会对其做出反应。而区间目标是设定一个通货膨胀的区间范围，只有实际通货膨胀超出设定的区间范围时，货币政策才会做出反应；否则货币政策保持不变。中央银行究竟选择点目标还是区间目标具有很大主观性，主要取决于中央银行在政策灵活性和声誉二者之间的权衡。实践过程中，点目标的实现相对比较困难，但是如果中央银行能够很好地控制，那么就容易建立较高的声誉。虽然采取区间目标具有更大的政策灵活性，但是一旦中央银行控制不力，导致通货膨胀突破了区间的界限，那么中央银行所承受声誉的损失要比点目标的偏离大得多。

由于区间目标较大的灵活性，因此被各个国家广泛使用。鉴于各个国家政治、经济环境的不同，通货膨胀目标区间范围设定也是明显不同的。但大多数国家设定的区间范围在 0 ~ 4% 之间，中值为 2% 或 3%（见表 8 - 1）。通常，欧美发达国家将通货膨胀的目标区域界定在 1% ~ 3%，中点值 2%，上下浮动 1 个百分点。

表 8 - 1　　各通货膨胀目标制国家通货膨胀目标区间

国家	通货膨胀目标区间范围
新西兰	1990 年：3% ~ 5%；1991 年：2.5% ~ 4.5%；1992 年：1.5% ~ 3.5%；1993 ~ 1996 年：0 ~ 2%；1996 年后 0 ~ 3%

续表

国家	通货膨胀目标区间范围
加拿大	1991年12月：3%～5%；1992年12月：2%～4%；1994年6月：1.5%～3.5%；1995年12月后：1%～3%
英国	1992～1995年：1%～4%；1995年后：2.5%
澳大利亚	2%～3%
西班牙	1996年6月：3.5%～4%；1997年12月：2.5%；1998年：2%
瑞典	中点值2%，±1%的区间

资料来源：牛筱颖．通货膨胀目标制研究与实践述评［J］．经济评论，2006（2）。

目前，中国没实行通货膨胀目标规则，货币政策具有明显的相机抉择的特征。但是每一年国务院总理的政府工作报告往往会提到通货膨胀目标（如表8－2所示），目标值通常以点目标或者下限值的形式呈现。通过表8－2可以发现，中国通货膨胀目标值与实际值之间的差距比较大，实现效果不是很理想。除了中国货币政策操作存在问题之外，目标的设定形式本身也可能是一个重要原因。点目标降低了中国人民银行对于不确定性的反应空间，区间目标应该是一个更优的选择。如果采用区间目标，应该如何界定区间的范围？这将是中国货币政策实践重要的现实问题。周好文等（2010）建议中央银行将通货膨胀目标区间设定为1%～4%，政策操作盯住中值2.5%。郭田勇（2001）认为通货膨胀目标区间应为2%～6%，中间值为4%，上下波幅2个百分点。本书赞同郭田勇（2001）的观点，将通货膨胀目标区间界定为2%～6%之间。主要原因如下：首先，较宽的区间增强了中国人民银行货币政策操作的灵活性，有助于提供中国央行声誉。其次，保持大于零的通货膨胀水平，有利于刺激投资，促进经济增长。最后，中国人民银行缺少独立性，货币政策的制定往往要考虑宏观调控的目标。较大的区间范围，有利于货币政策操作。

表 8－2　　1996～2013 年通货膨胀目标值与实际值　　单位：%

项目	1996 年	1997 年	1998 年	1999 年	2000 年	2001 年	2002 年	2003 年	2004 年
通货膨胀目标	10	8	3	4	4	1～2	1～2	1	3
实际 CPI 通胀率	8.3	2.8	－0.8	－1.4	0.4	0.7	－0.8	1.2	3.9
项目	2005 年	2006 年	2007 年	2008 年	2009 年	2010 年	2011 年	2012 年	2013 年
通货膨胀目标	4	3	3	4.80	4	3	4	4	3.50
实际 CPI 通胀率	1.8	1.5	4.8	5.9	－0.7	3.3	5.4	2.6	2.6

资料来源：实际经济增长率、实际 CPI 通胀率数据来自于中国国家统计局网站；经济增长目标、通货膨胀目标数据来自于历年国务院政府工作报告，其中，1999～2004 年的数据来自 1998～2003 年国民经济和社会发展计划草案的报告。

（2）提高货币政策信息的透明度。经济与金融数据公布是货币政策透明度必不可少的一环，中央银行应该更多、更及时地公布政策信息，以便能够让公众平等的获取各种公开的数据。目前央行主要通过公告、公文方式为主，辅以报刊、电视等传统媒介向公众传递信息。但是这些传统信息发布渠道往往不便于查阅，并且具有明显的滞后性。随着互联网技术的快速发展，互联网的信息发布方式逐渐被各国广泛采用。互联网打破时空界限，有助于社会公众方便、快捷、高效获取央行的货币政策意图、金融运行动态等信息资料。当前，中国人民银行已经建立了信息发布网站，定期向社会公众发布各种政策法规、经济金融数据和宏观分析等信息资料。应该注意的是，中央银行网站不仅要具备较强的专业性，而且必须要与金融机构和社会通联，保障信息发布渠道的畅通。否则信息的发布只局限于人行的内部，网站的作用将大打折扣。此外，中央银行仅仅加大信息公布的覆盖范围是不够的，还要必须增加信息内容的深度。简单的数据不能帮助社会公众做出正确的判断，反而会导致其错误理解中央银行的货币政策目标和意图。中央银行应该向公众公阐述其如何进行决策和预测，包括决策和预测过程中所采用的模型，以及使用的数据。另外在当前经济环境下，货币政策目标如何实现、政策效果、目标偏离的原因以及纠正措施等给予公众更多的明示，使其能够更好地把握货币政策走向与宏观经济发展趋势，形成良好的预期。

（3）提高货币政策决策的透明度。借鉴西方国家的操作经验，尽量降低政府对货币政策决策过程的影响。由于中国货币政策委员会仅仅是咨询议事机构，只有建议权，而不具备货币政策的最终制定权和决策权。因此其受到政府与公众监督的要求不是很高，导致货币政策决策的透明度较低，进而在一定程度上影响了货币政策决策的质量。为提高货币政策决策科学性和准确性，应该不断提高中央银行的经济独立性，提高中央银行对利率、汇率水平和货币供给数量等的调控能力。同时优化货币政策委员会人员组成结构，降低政府官员的比例，不断增加经济金融专家的比例。为使货币政策委员会的工作得到有效监督，委员会必须要增加整个决策的透明度，具体的做法：第一，在每次货币政策例会和货币政策调整之后，及时向社会公众传递信息，并对货币政策调整的原因进行解释；第二，需要在三个月或者半年之后，公布委员会会议纪要，公开每位委员的观点与主张；第三，公布货币政策委员会制度安排，人员构成以及工作的流程，使公众能够从更多方面了解决策的背景和原因。

8.2.3.2 提高中央银行的公信力

中央银行的公信力是指央行制定和实施的货币政策应该与其原先所做的明示或暗示的承诺保持一致（Blinder，2000；Huh & Lansing，2000）。公信力既是历史形成的，又需要经过长期的积累和精心的培育才能逐步建立和提高，同时也容易被自身的机会主义的行为所损害。良好的公信力，是中央银行履行职责的前提和必要保证，同时也是稳定公众心理预期的关键。

中央银行的公信力体现在，当中央银行与公众进行沟通时，公众相信其传递的信息是真实的、可信的，并且能够做出积极的反应。如果中央银行公布信息时，社会无法确认信息的真伪，那么只能从事后的行为进行证实。如果央行的货币政策行为与事先所做的明示或暗示的承诺保持一致，那么说明货币政策是可信的。央行的信息沟通传递了央行真实的意图，将有利于调整公众预期向央行意愿的方向变化。一个国家某一时期货币政策可信度的高低取决于多方面的因素，Blinder、Goodhart 和 Hildebrand 等（2001）曾对如何建立政策可信度做了问卷调查，经济学家和中央银行家都不约而同地选择“有言行合一的记录”是建立政策可信度最重要的方法。一家能够践行其言的中央银行的公信力最高，这与央行的制度设置是无关的（Blinder，1998）。从这个角度看，中国央行公信力不高，非独立的政治地位、不积极反通胀的历史等都是公众对中国人民银行的货币政策产生疑虑的理由，而且中央银行的货币政策操作带有很大不可预期性，导致公众认为中央银行事先公布的货币政策是不可信的，造成决策者与市场预期频繁产生偏差。中国人民银行应该坚持事前的承诺与事后的行为相一致，建立货币政策的可信度。要增强货币政策可信度，就需要不断提高中国央行相对独立性、强化问责制度以及增加货币政策的透明度。在高透明度环境下，中央银行会更加关心自身的声誉，从而约束自身行为以便能够符合社会的要求，这将是实现货币政策可信度的有效途径。因而，提高中国央行的公信力，相当于对公众做出可信的承诺，从而有助于稳定心理预期，降低通货膨胀持续性，进而实现货币政策的目标。

8.2.3.3 加强中央银行沟通

现有文献中，中央银行沟通被学者们广泛关注，并且逐渐成为货币政策不可分割的重要部分（Trichet，2005）。美联储主席耶伦高度强调中央银行沟通对于货币政策实践的价值，并指出“公共沟通”已成为美联储当前重要货币政策工具之一（Yellen，2012，2013）。Bernanke（2004）认为中央银行沟通有助于经济主体准确的理解和判定中央银行的决策，更好的锚定公众的长期预期，从而引导经济行为主体预期接近于中央银行意愿目标，从而提高货币政策有效性。

自从20世纪90年代开始，中国央行逐渐加强了信息披露，强化了与公众的沟通。但是我们也注意到，中国银行沟通过程中存在很多亟待解决的问题。首先，中国经济数据编制范围较窄，数据公布的频率较低、数据质量参差不齐，并且关键数据信息很少进行发布。其次，中央银行很少对货币政策决策过程进行沟通，例如货币政策委员会的季度会议，只公布决议的结果，而对整个决策的过程并不公开；央行对货币政策制定过程中所使用的模型和数据从不进行解释；在多重货币政策目标体系下，不同目标权的重赋予也不会向市场及时的传递等。另外，中央银行缺乏对未来经济形势预测，很少能够明确清晰的表明观点。大多数情况，中国央行表述未来经济状态时，语言含糊不清，难以向公众传递明确的信息，无法有效的引导公众的预期和行为。最后中央银行对影响金融体系稳定的事件的沟通也是比较欠缺的，公众往往捕风捉影，听信流言蜚语，导致市场预期的混乱，影响整个金融市场的秩序。

因此，本书认为应该从以下几个方面加强中央银行与公众的沟通。第一，应该规范中央银行已公布的相关数据信息，扩大经济统计数据编制范围，提升数据公布的频率和质量，以及细化公布数据的内容。第二，加强货币政策执行过程中与公众的沟通。披露其中央银行决策过程中所使用模型和依据经济数据，同时向经济行为主体阐述货币政策决策过程和依据，以及政策实施对经济造成何种后果和影响的路径等。第三，加强中央银行对未来宏观经济预测信息披露，提高对未来经济预测的准确性。第四，对于影响金融稳定的关键事件及时进行沟通，防止事件的进一步的扩散，进而影响到整个市场的信心。

参 考 文 献

[1] Alan S. Blinder. Central Bank Credibility: Why do We Care How do We Build It [J]. The American Economic Review, 2000, 90 (5).

[2] Alan S. Blinder. Central Banking in Theory and Practice [M]. MIT Press, 1998.

[3] Alan S. Blinder, Charles Goodhart, Philipp Hildebrand, David Lipton, Charles Wyplosz. How Do Central Banks Talk? [J]. Geneva Reports on the World Economy, Geneva/London: ICMB/CEPR, 2001 (3).

[4] Altissimo F., Ehrmann M., Smets F. Inflation Persistence and Price-setting Behaviour in the Euro Area: A Summary of the IPN Evidence [R]. National Bank of Belgium Working Papers, 2006, No. 95.

[5] Altissimo F., L. Bilke, A. Levin, T. Mathä, B. Mojon. Sectoral and aggregate inflation dynamics in the euro area [J]. Journal of the European Economic Association, 2006, 4: 585 - 593.

[6] Altissimo F., M. Ehrmann, F. Smets. Inflation Persistence and Price Setting Behaviour in the Euro Area: A Summary of the IPN Evidence [R]. ECB Working Paper, 2006, 451. European Central Bank.

[7] Altissimo F., Mojon B., Zaffaroni P. Can Aggregation Explain the Persistence of Inflation? [J]. Journal of Monetary Economics, 2009, 56 (2): 231 - 241.

[8] Andolfatto D., Hendry S., Moran K. Inflation Expectations an

Learning about Monetary Policy [R]. Bank of Canada Working Paper, 2002, No. 2002 - 30.

[9] Andrews D. W. K., Hong - Yuan Chen. Approximately Median - Unbiased Estimation of Autoregressive Models [J]. Journal of Business and Economic Statistics, 1994, 12: 187 - 204

[10] Andrews D. W. K. Tests for parameter instability and structural change with unknown change point [J]. Econometrica, 1993, 61: 821 - 856.

[11] Angelani I., Ancremanne L., Ciccarelli M. Price Setting and Inflation Persistence: Did EMU Matter? [J]. Economic Policy, 2005, 21: 353 - 387.

[12] Angeloni I., Aucremanne C., Ciccarelli M. Price Setting and Inflation Persistence: Did EMU Matter [J]. Economic Policy, 2006, 46: 353 - 387.

[13] Artis M. J., Bladen - Hovell R. C., Denise R. O., Smith G., Zhang W. Predicting Turning Points in the UK Inflation Cycle [J]. The Economic Journal, 1995, 105 (432): 1145 - 1164.

[14] Batini N. Euro area inflation persistence [J]. Empirical Economics, 2006, 31 (4): 977 - 1002.

[15] Batini N. Euro Area Inflation Persistence [R]. ECB Working Paper, 2002, No. 201.

[16] Batini N., Nelson E. The Lag from Monetary Policy Actions to Inflation; riedman Revisited [R]. BOE Discussion Paper, 2002, No. 6.

[17] Benati, Luca. Investigating Inflation Persistence across Monetary Regimes [J]. Quarterly Journal of Economics, 2008, 123 (3): 1005 - 1060.

[18] Ben Bernanke. Central Bank Talk and Monetary Policy [C]. Remarks at the Japan Society Corporate Luncheon, New York, October 7, 2004.

[19] Benigno P., J. D. López – Salido. Inflation persistence and optimal monetary policy in the euro area [J]. Journal of Money, Credit, and Banking, 2006, 38: 589 – 614.

[20] Bils M., Klenow P. J. Some Evidence on the Importance of Sticky Prices [J]. Journal of Political Economy, 2004, 112 (5): 947 – 985.

[21] Blanchard O., Gall J. Real Wage Rigidifies and the New Keynesian Model [J]. Journal of Money Gredit and Banking, 2007, 39: 35 – 65.

[22] Boivin J., Giannoni M., Mihov I. Sticky Prices and Monetary Policy: Evidence from Disaggregated U. S. Data [J]. The American Economic Review, 2009, 99 (1): 350 – 384.

[23] Bratsiotis G. J., Madsen J., Marti C. Inflation Targeting and Inflation Persistence [J]. Economic and Political Studies, 2015, 3 (1): 3 – 17.

[24] Calvo, Guillermo A. Staggered prices in a utility maximizing framework [J]. Journal of Monetary Economics, 1983 (12): 383 – 398.

[25] Chortareas G., D. Stasavage, G. Sterne. Does Monetary Policy Transparency Reduce Disinflation Costs [J]. The Manchester School, 2003, 71 (5): 21 – 540.

[26] Christiano L. J., Eichenbaum M., C. L. Evans. Nominal Rigidities and the Dynamic Effects of a Shock to Monetary Policy [J]. Journal of Political Economy, 2005, Forthcoming.

[27] Clark T. E. Disaggregate Evidence on the Persistence of Consumer Price Inflation [J]. Journal of Applied Econometrics, 2006, 21: 563 – 587.

[28] Coenen G. Inflation persistence and robust monetary policy design [R]. European Central Bank Working Paper, 2003, No. 290.

[29] Cogley, Timothy, Argia M. Sbordone. Trend Inflation and Inflation Persist-ency in the New Keynesian Phillips Curve [R]. Federal Reserve Bank of New York Staff Report, 2006, No. 270.

[30] Cogley T., Sargent T. J. Drifts and Volatilities. Monetary Policies and Outcomes in the Post World War U. S [J]. Review of Economic Dynamics, 2005, 8 (2): 262 –302.

[31] Darvas Z., Varga B. Time – Varying Coefficient Methods to Measure Inflation Persistence [R]. EcoMod, 2010, No. 259600167.

[32] Dincer N. Nergiz, Barry Eichengreen. Central bank transparency: where, why, and with what effects? [R]. NBER Working Paper, 2007, No. 13003.

[33] Dossche M., Everaert G. Measuring inflation persistence: A structural time series approach [R]. ECB Working Paper, 2005, No. 495.

[34] Dusek Tamás, Budaházy György. Regional price differences in Hungary [R]. In: 48th Congress of the European Regional Science Association, Liverpool, 2008, CD – ROM.

[35] Eijffinger SyIvester, Petra Geraats. How Transparent are CentraI Banks? [R]. Centre for Economic PoIicy Research, Discussion Paper, 2002, No. 3188: 2 –20.

[36] Elliott G., Rothenberg T. J., Stock J. H. Efficient tests for an autoregressive unit root [J]. Econometrica, 1996, 64: 813 –836.

[37] Elmer S., T. Maag. The Persistence of Inflation in Switzerland; Evidence from Disaggregate Data [R]. KOF Working Paper, 2009, No. 235.

[38] Erceg C., Levin A. Imperfect Credibility and Inflation Persistence [J]. Journal of Monetary Economics, 2003, 50 (4): 915 –944.

[39] Fischer S. Long-term contracts, rational expectations, and the

optimal money Supply rule [J]. The Journal of Political Economy, 1977: 191 - 205.

[40] Fischer S. Supply Shocks, Wage Stickiness, and Accommodation [R]. NBER Working Paper, 1983, No. 1119.

[41] Friedman M. Have monetary policies failed? [J]. American Economic Review, 1972, 62: 11 - 18.

[42] Friedman M. The Role of Monetary Policy [J]. The American Economic Review, 1968, 58 (1).

[43] Fuhrer J. C. Inflation persistence [R]. Federal Reserve Bank of Boston Working Paper, 2009, No. 09 - 14.

[44] Fuhrer J. C. Intrinsic and Inherited Inflation Persistence [R]. Federal Reserve Bank of Boston Working Paper, 2005, No. 05 - 8.

[45] Fuhrer J. C. The persistence of inflation and the cost of disinflation [J]. New England Economic Review, 1995 (Jan): 3 - 16.

[46] Fuhrer J., Moore G. Inflation Persistence [J]. Quarterly Journal of Economics, 1995, 110: 127 - 159.

[47] Gadea M. D., Mayoral L. The Persistence of Inflation in OECD Countries: A Fractionally Integrated Approach [J]. International Journal of Central Banking, 2006, 2 (1): 51 - 104.

[48] Gali J., Gertler M. Inflation dynamics: a structural econometric Analysis [J]. Journal of Monetary Economics, 1999, 44: 199 - 227.

[49] George J. Bratsiotis, Jakob Madsen, Christopher Martin. Inflation targeting and inflation persistence [J]. Public Policy Discussion Paper, 2002.

[50] Gerlach S., P. Tillmann. Inflation targeting and inflation persistence in Asia [R]. CEPR Discussion Paper, 2010, No. 8046, Centre for Economic Policy Research.

[51] Giannoni M., Woodford M. Optimal Inflation Targeting Rules

[J]. Ben S. Bernanke and Michael Woodford, eds., Inflation Targeting, Chicago: University of Chicago Press, 2003.

[52] Giuseppe Diana, Moise Sidiropoulos. Central Bank Independence, Speed of Disination and the Sacrifice Ratio [J]. Open Economiese review, 2004, 15: 385-402.

[53] Gordon R. J. Price inertia and policy ineffectiveness in the United States, 1890-1980 [J]. Journal of Political Economy, 1982, 90 (6): 1087-1117.

[54] Granger Clive W. J., R. Joyeux. An Introduction to Long Memory Series [J]. Journal of Time Series Analysis, 1980, 1: 15-30.

[55] Gray Jo Anna. Wage indexation: A macroeconomic approach [J]. Journal of Monetary Economics, 1976, 2 (2): 221-235.

[56] Hansen B. Approximate Asymptotic P Values for Structural ChangeTests [J]. Journal of Business and Economic Statistics, 1997, 15: 60-80.

[57] Hassler U., J. Wolters. Long memory in ination rates: International evidence [J]. Journal of Business & Economic Statistics, 1995, 13: 37-45.

[58] Holden S., Driscoll J. C. Inflation Persistence and Relative Contracting [J]. American Economic Review, 2003, 93 (4): 1369-1372.

[59] Hosking J. R. M. Fractional Differencing [J]. Biometrika, 1981, 68 (1): 165-176.

[60] Huh G. G., K. J. Lansing. Expectations Credibility, and Disinflation in A Small Microeconomic Model [J]. Journal of Economics and Business, 2000, 52 (1-2).

[61] J. Boivin, M. P. Giannoni, I. Mihov. Sticky Prices and Monetary Policy: Evidence from Disaggregated US Data [J]. The American Eco-

nomic Review, 2009, 350 -384.

[62] Kang K. H. , Kim C. J. , Money J. Changes in US inflation persistence [J]. Studies in Nonlinear Dynamics & Econometrics, 2009, 13 (4): 1.

[63] Kozicki S. , P. A. Tinsley. Permanent and Transitory Policy Shocks in an Empirical Macro Model with Asymmetric Information [J]. Journal of Economic Dynamics and Control, 2005, 29: 1985 -2015.

[64] Kumar M. S. , T. Okimoto. Dynamics of persistence in international inflation rates [J]. Journal of Money, Credit and Banking, 2007, 39, 1457 -1479.

[65] Levin A. T. , F. M. Natalucci, J. M. Piger. the macroeconomic effects of inflation targeting [J]. Federal Reserve Bank of St. Louis Review, 2004, 86 (4): 51 -80.

[66] Levin A. T. , J. M. Piger. Is inflation persistence intrinsic in industrial economies? [R]. unpublished, Board of Governors of the Federal Reserve System, 2006.

[67] Levin A. T. , Lopez - Salido D. , Yun T. Strategic Complementarities and Optimal Monetary Policy [R]. Unpublished, 2006.

[68] Levin A. T. , Williams J. C. Robust monetary policy with competing reference models [J]. Journal of Monetary Economics, 2003, 50: 945 -975.

[69] Lünnemann P. , Mathä T. Y. How Persistent is Disaggregate Inflation?: An Analysis Across EU15 Countries and HICP Sub - Indices [R]. ECB Working Paper, 2004, No. 415.

[70] Lucas Robert E. J. Expectations and the neutrality of money [J]. Journal of Economic Theory, 1972, 4: 103 -124.

[71] Marques C. R. , Dias D. A. Using mean reversion as a measure of persistence [R]. ECB Working Paper, 2005, No. 450.

[72] Marques C. R. Inflation Persistence: Facts of Artefacts [R]. ECB Working Paper, 2004, No. 371.

[73] Milani F. Expectations, learning and macroeconomic persistence [J]. Journal of Monetary Economics, 2007, 54 (7).

[74] Moessner R. Optimal discretionary policy and uncertainty about inflation persistence [R]. Manuscript, ECB, 2005.

[75] Moriyama K. Inflation Inertia in Egypt and Its Policy Impliations [R]. IMF Working Paper, 2011.

[76] Nelson C., Plosser C. Trends and Random Walks in Macroeconomic Time Series: Some Evidence and Implications [J]. Journal of Monetary Economics, 1982, 10: 129-162.

[77] Oliveira E. N., Petrassi M. Is Inflation Persistence Over? [R]. Central Bank of Brazil, Working Paper, 2010, No. 230.

[78] O'Reilly G., Whelan K. Has Euro-area inflation persistence changed over time? [J]. Rev Econ Stat, 2005, 87: 709-720.

[79] Orphanides A., J. Williams. Imperfect Knowledge, Inflation Expectations, and Monetary policy [M]. in M. Woodford (ed), Inflation Targeting, Chicago: University of Chicago Press, 2003.

[80] Perron P. Dealing with Structural Breaks, forthcoming in the Palgrave Hand book of Econometrics [J]. Econometric Theory, 2005 (1).

[81] Phelps E. S. Money-wage dynamics and labor-market equilibrium [J]. The Journal of Political Economy, 1968, 76 (4): 678-711.

[82] Phillips P. C. B. To criticize the critics: An objective Bayesian analysis of stochastic trends [J]. Journal of Applied Econometrics, 1991, 6 (4): 333-364.

[83] Pivetta F., Reis R. The persistence of inflation in the United States [J]. Journal of Economic Dynamics and Control, 2007, 31 (4): 1326-1358.

[84] Pivetta F. , R. Reis. The Persistence of Inflation in the United States [R]. Mimeo, Harvard University. 2004.

[85] Robert Amano. Inflation persistence and monetary policy: A simple result [J]. Economics Letters, 2007, 94: 26 -31.

[86] Sargent Thomas J. , Neil Wallace. Rational expectations, the optimal monetary instrument, and the optimal money supply rule [J]. The Journal of Political Economy, 1975, 83 (2): 241 -254.

[87] Sbordone A. M. Prices and unit labor costs: a new test of price stickiness [J]. Joural of Monetary Economics, 2002, 49: 265 -292.

[88] Sbordone Argia M. Ination Persistence: Alternative Interpretations and Policy Implications [J]. Journal of Monetary Economics, 2007, 54 (5): 1311 -1339.

[89] Söderström U. Monetary policy with uncertain parameters [J]. Scandinavian Journal of Economics, 2002, 104 (1), 125 -145.

[90] Sheedy K. Structure Inflation Persistence [R]. CEP Discussion Papers, 2007, No. 0837.

[91] Siklos P. L. Inflation targeting around the world [J]. Emerging Markets Finance and Trade, 2008, 44: 17 -37.

[92] Smets F. , Wouters R. Monetary Policy in an Estimated Stochastic Dynamic General Equilibrium Model of the Euro Area [J]. Journal of the European Economic Association, September, 2003, 1 (5): 1123 -1175.

[93] Sowell Fallaw. Maximum Likelihood Estimation of Stationary Univariate Fractionally Integrated Time Series [J]. Journal of Econometrics, 1992, 53 (1 -3): 165 -88.

[94] Stock J. Comment on Evolving Post - World War II U. S. Inflation Dynamics [R]. NBER Macroeconomics Annual, 2001, 379 -387.

[95] Stock J. , Watson M. Has the business cycle changed and why? [R]. In: Gertler M. , Rogoff K. , (Eds.), NBER Macroeconomics An-

nual 2002. MIT Press: Cambridge, 2003.

[96] Taylor J. Aggregate dynamics and staggered contracts [J]. Journal of Political Economy, 1980, 88, 1 - 23.

[97] Tillmann P. Inflation Targeting and Regional Inflation Persistence: Evidence from Korea [J]. Pacific Economic Review, 2013, 18 (2): 147 - 161.

[98] Trichet Jean - Claude. Communication, Transparency and ECB's Monetary Policy [C]. Keynote Speech at New Year's Reception of the International Club of Frankfurt Economics Journalists, January 24, Frankfurt am Main, 2005.

[99] Van der Cruijsen Carin, Maria Demertzis. The impact of central bank transparency on inflation expectations [J]. European Journal of Political Economy, 2007, 23 (1): 51 - 66.

[100] Vaona A., Ascari G. Regional inflation persistence: evidence from Italy [J]. Regional Studies, 2012, 46 (4): 509 - 523.

[101] Vasilika Kota. The persistence of inflation in Albania [R]. the Special Conference Paper Series of the Bank of Greece, 2011.

[102] Walsh C. Parameter misspecification with optimal targeting rules and endogenous objectives [R]. Paper Presented at the Carnegie - Rochester Conference Series, 2004.

[103] Willis J. L. Implications of Structural Changes in the U. S. Economy for Pricing Behavior and Inflation Dynamics [J]. Federal Reserve Bank of Kansas City, Economic Review, 2003, First Quarter, 5 - 24.

[104] Woodford M. Interest and prices: Foundations of a Theory of Monetary Policy [M]. Princeton University Press, 2003.

[105] Yellen Janet L. Communication in Monetary Policy [C]. Remarks at the Society of American Business Editors and Writers 50th Anniversary Conference, Washington, D. C. April 4, 2013.

[106] Yellen Janet L. Revolution and Evolution in Central Bank Communications [C]. Remarks at the Haas School of Business, University of California, Berkeley, November 13, 2012.

[107] Zhang, Clovis. China inflation dynamics: Persistence and policy [J]. Journal of Policy Modeling, 2010, 32: 373 -388.

[108] Zsibók Z., Varga B. Inflation Peisistence in Hungary: a Spatial Analysis [R]. Working Papers Corvinus Universify of Budapest, 2012, No. 1203.

[109] Zsibók Z., Varga B. Inflation Persistence in Hungary: a Spatial Analysis [R]. Department of Mathematical Economics and Economic Analysis, Corvinus Univ. of Budapest Working Paper, 2009, No. 1203.

[110] Zsolt Darvas, Balázs Varga. Time-varying coefficient methods to measure inflation persistence [R]. RePEc Working Paper, 2009, No. 259600167.

[111] 白雪梅，石大龙．我国通货膨胀持久性的时变特征及其对货币政策的启示 [J]. 统计研究，2014 (3): 37 -44.

[112] 陈丹丹，任保平．需求冲击与通货膨胀——基于中国的经验研究 [J]. 当代财经，2008 (6).

[113] 陈雄强，张晓峒，张庆昌．通货膨胀持久性及其非对称性研究——基于分位数自回归模型 [J]. 经济与管理研究，2013 (3).

[114] 陈彦斌．中国新凯恩斯菲利普斯曲线研究 [J]. 经济研究，2008 (12): 52.

[115] 刁节文，贾德奎．货币政策透明度：理论研究与实践进展 [J]. 当代财经，2005 (10).

[116] 傅强，朱映凤，袁晨．中国通货膨胀主要影响因素的判定与阐释 [J]. 中国工业经济，2011 (5).

[117] 郭志，王鹏．中国城乡通货膨胀持久性分析 [J]. 南方金融，2013 (6).

[118] 何启志，范从来．中国通货膨胀的动态特征研究 [J]．经济研究，2011 (7).

[119] 黄谷．谈惯性通货膨胀理论 [J]．金融研究，1989 (5)：16-21.

[120] 贾德奎．货币政策透明度与政策有效性：基于利率期限结构预期理论的检验 [J]．系统管理学报，2010 (10).

[121] 贾德奎．货币政策透明度指数：理论方法与实证检验 [J]．财经研究，2006 (11)：66-74.

[122] 孔丹凤，杨少娜．通货膨胀持续性、最优货币政策与通货膨胀目标制 [J]．山东大学学报（哲学社会科学版），2015 (1).

[123] 李彬，刘凤良．我国通货膨胀动态和货币政策效果的行为宏观解释 [J]．管理世界，2007 (3).

[124] 李稻葵．滞胀呼唤新供给学派 [J]．新财富，2008 (5).

[125] 李杰，庞皓．中国贸易开放与通货膨胀持续性关系研究 [J]．经济理论与经济管理，2011 (6).

[126] 李敏，王相宁，缪柏其．我国通货膨胀率的动态波动机制及政策启示 [J]．中国管理科学，2008 (10)：278-282.

[127] 李振，杨晓光．新凯恩斯菲利普斯曲线模型在中国的实证研究：基于VAR的分析 [J]．管理评论，2007，19 (12).

[128] 刘凤良，鲁旭，易信．中国部门间通货膨胀的“均值回复”特征研究——新方法的构建及实证分析 [J]．管理世界，2012 (9).

[129] 刘金全，姜梅华．金融危机后期的新凯恩斯菲利普斯曲线估计与经济政策启示 [J]．吉林大学社会科学学报，2011 (2).

[130] 卢峰．大国经济与输入型通货膨胀论 [J]．国际经济评论，2008 (7-8)：19-23.

[131] 卢万青，李未无．沿海城市“用工荒”的成因及演变趋势 [J]．现代财经，2010 (8).

[132] 吕光明. 通货膨胀持久性测度研究综述 [J]. 经济统计学(季刊), 2014 (2): 2.

[133] 彭红枫, 谭小玉, 胡利琴. 中国通货膨胀持续性研究——基于面板数据的SURADF实证检验 [J]. 经济评论, 2014 (5).

[134] 钱放. 中国通货膨胀的持续性及其与利率的关系 [J]. 金融研究, 1997 (7): 21-23.

[135] 苏梽芳. 中国通货膨胀持续性时变特征及其来源分析 [J]. 云南财经大学学报, 2010 (5).

[136] 王君斌, 郭新强, 蔡建波. 扩张性货币政策下的产出超调、消费抑制和通货膨胀惯性 [J]. 管理世界, 2011 (3).

[137] 王培辉, 袁薇. 我国通货膨胀率非线性特征研究 [J]. 统计研究, 2011 (1).

[138] 王少平, 王津港. 中国通胀的持久性变化及其货币政策含义 [J]. 统计研究, 2009 (5).

[139] 魏永芬. 关于货币政策透明度问题的研究 [J]. 金融研究, 2004 (10): 38.

[140] 温涛, 陈思. 公众预期、需求冲击与通货膨胀——兼论通胀持久性的地区差异 [J]. 当代经济科学, 2012 (5).

[141] 徐亚平. 货币政策有效性与货币政策透明制度的兴起 [J]. 经济研究, 2006 (8): 24-33.

[142] 杨小军. 中国新凯恩斯主义菲利普斯曲线的经验研究 [J]. 统计研究, 2011 (2).

[143] 叶正茂, 王仕进. 劳动市场摩擦、工资刚性与中国通货膨胀持续性——基于不同工资竞价模型的动态分析 [J]. 财经研究, 2014 (10).

[144] 张成思. 外生冲击、货币政策与通胀持久性转变 [J]. 管理世界, 2009a (7).

[145] 张成思. 中国通货膨胀持久性特征与货币启示 [J]. 经济

研究，2008a（2）.

［146］张成思．中国CPI通货膨胀率子成分动态传导机制研究［J］．世界经济，2009b（1）.

［147］张成思．中国36个城市通货膨胀持久性研究［J］．中国人民大学学报，2008b（6）.

［148］张成思．中国通货膨胀周期回顾与宏观政策启示［J］．亚太经济，2009c（2）.

［149］张成思，刘志刚．中国通货膨胀率持久性变化研究及政策含义分析［J］．数量经济技术研究，2007（3）.

［150］张鹤，张代强，姚远，等．货币政策透明度与反通货膨胀［J］．经济研究，2009（7）.

［151］张屹山，张代强．我国通货膨胀率波动路径的非线性状态转换——基于通货膨胀持久性视角的实证检验［J］．管理世界，2008（12）.

［152］赵昕东，耿鹏．中国通货膨胀成因分解研究［J］．数量经济技术经济研究，2010（10）.

［153］周其仁．通胀之源：被动超发货币［J］．IT时代周刊，2010（23）.

后　记

本书是根据我的博士论文改写而成。时间飞逝，转眼博士论文的写作已经完成。回首几年的博士学习，其间付出的艰辛、汗水及思想上的煎熬无以言表。经历本身就是一种财富，难忘学习、工作、生活重压之下的忙碌，难忘论文写作的辛苦，更难忘导师、同事与家人的帮助与支持！

首先我要感谢我的导师郭万山教授！在整篇论文的选题、修改和定稿过程中，郭老师给予了我悉心的指导和帮助。难忘郭老师一次次不厌其烦的教导，以及对我思维习惯的纠正。正是由于您辛苦的付出，才使我能够顺利完成博士论文。郭老师深厚的学术造诣、严谨和负责的态度，不仅使我学业上受益匪浅，也使我在工作生活上受益终生。

感谢马树才教授、王青教授，在博士求学期间对我的关心和帮助。感谢他们在论文选题和写作过程为我提出许多宝贵的意见。

感谢我的父亲和母亲，对我的养育和栽培！感谢我的姐姐对于父母的照顾！正是由于你们的默默付出，才使我能够全身心投入到论文的写作中。我的每一点成绩都离不开你们的支持。

感谢我的妻子以及岳父和岳母，正是你们理解和支持，我才能安心写完这篇博士论文；感谢我的女儿，活泼乖巧让我省心。

感谢我的博士同学邱晖、赵景兰、宋琪、谢剑锋等人，正是由于与他们一次次交流，激发了我的灵感，拓展了我的思维。感谢我的同事，在我的论文写作过程中的关心和支持。

丁洪福

2017 年 11 月